SAN JUAN PABLO II,
veinte años después

PALABRA

© Rafael Navarro-Valls, Federico Fernández de Buján, Carlos M. Morán
  Coordinadora: Mª Araceli Oñate Cantero

© Ediciones Palabra, S.A., 2025.
  Ronda del Caballero de la Mancha, 59 - 28034 MADRID (España)
  Telf. (34) 91 350 77 20 - (34) 91 350 77 39
  www.palabra.es
  palabra@palabra.es

Diseño de portada: Equipo editorial
ISBN: 978-84-1368-503-8
Depósito Legal: M-22.784-2025
Printed in Spain - Impreso en España

Rafael Navarro-Valls,
Federico Fernández de Buján,
Carlos M. Morán

San Juan Pablo II, veinte años después

La luz de un legado vivo

dBolsillo

– ÍNDICE –

PRÓLOGO
SAN JUAN PABLO II,
UN HOMBRE, UN PAPA

Me cumple un gran honor, como Hermano Mayor de la Real y Pontificia Congregación de la Purísima de la Real Academia de Jurisprudencia y Legislación, presentar el volumen que recoge las tres magníficas contribuciones de tres importantes y eminentes académicos y juristas, de tres cristianos, los Excmos. Sres. D. Rafael Navarro Valls, Catedrático de Derecho Eclesiástico del Estado y Vicepresidente y Académico de número de la Real Academia de Jurisprudencia y Legislación, D. Federico Fernández de Buján, Catedrático de Derecho Romano en la UNED, Académico de la Real de Doctores, Consiliario general de la Real y Pontificia Congregación de la Purísima de la RAJLE, y D. Carlos Manuel Morán Bustos, Decano del Tribunal de la Rota de la Nunciatura Apostólica, que participaron en la Jornada convocada por la Congregación en torno a la figura y pontificado de san Juan Pablo II y que tuve el honor de presidir en la sede de la Real Academia de Jurisprudencia y Legislación en la tarde del 17 de junio de 2025.

Las tres visiones de los tres ponentes, bien diferentes, bien complementarias, como podrán comprobar los lectores, permiten acercarse a la figura del papa Wojtyla desde diferentes aproximaciones. A su figura personal, al hombre, dotado de magníficas cualidades de liderazgo, empatía y humanidad, y al pontífice capaz de generar un corpus de doctrina magnífico en su diversidad y en la firmeza con que se enfrenta tanto al dogma, como a las necesidades de una Iglesia y de unos católicos que viven su fe en un ámbito humano de secularización y alejamiento de la fe, cuando no de abierta hostilidad o menosprecio, pero también al sacerdote, cercano a sus feligreses, en este caso, y a la Iglesia universal, pastor, confidente, amigo, al obispo que no olvida que precede y acompaña en la peregrinación de esta vida al rebaño que le ha sido confiado, pero también al asceta, al místico, su formación cerca de los místicos españoles es evidente y esencial, al poeta y autor teatral, al hombre enamorado de la Naturaleza, ese regalo de Dios, como un pequeño trazo desgajado del Paraíso perdido, al europeo que interpela a una Europa formada en el cáliz del clasicismo grecorromano y la herencia judeocristiana que desemboca en un cristianismo vivo en fe y cultura que debe ser defendido y proclamado cuando más atacado lo es. Todo ello forma un formidable conjunto de cualidades que hacen de su figura algo muy atractivo, algo que te atrapa, como su mirada clara, amistosa pero firme, su voz que llama una y otra vez a la fe, a la caridad y a la esperanza.

Me parece, y creo que del texto de los ponentes así se desprende, que si el hombre en términos orteguianos es el mismo y sus circunstancias, Karol Wojtyla el ciudadano polaco forjado en condiciones personales, la orfandad tras la muerte de su madre, la unión emocional con su padre, la profunda religiosidad de ese ámbito familiar, las circunstancias históricas de su patria polaca, la guerra y el nazismo, el comunismo y la influencia soviética, el negarse a ser engullido por esas circunstancias históricas. Ese es el camino, la vertebración de la ponencia de D. Carlos Morán, «El misterio del dolor redimido», ¡qué hermoso título!, cómo el itinerario existencial de ese joven polaco llamado por Cristo a servir a Dios, a su Iglesia y a los fieles cristianos va forjando, solidificando con la alquimia de la fe una vida entregada a esos ejes, unos ejes que, según va progresando su vida, suman y suman un extraordinario caudal de acciones, pensamientos, doctrina, ejemplos, como el del dolor, un dolor expuesto a todos, sin alharacas, sino como una oración viva al Padre.

Elegir la figura y el pontificado de san Juan Pablo II era algo debido y natural. Debido, porque su figura y pontificado aumentan según pasa el tiempo. La Iglesia católica, con su elección, que ejemplificaba la presencia del Espíritu Santo en el Cónclave que lo escogió como sucesor para guiar la nave de Pedro, salió al mundo, a los jóvenes, a los intelectuales, guiados por el lema de su pontificado «Totus Tuus» y sus proféticas apelaciones a no tener miedo siguiendo la enseñanza de esperanza de Jesús de Nazaret: «Yo he vencido al mundo», y a su apasionado grito a que abramos las puertas de nuestras vidas a Cristo, nuestras familias, nuestros trabajos, nuestros países, pero sobre todo a nuestras mentes y voluntades, a nuestros corazones, a nuestras almas, a Cristo que también nos llama desde su Sagrado Corazón Redentor.

Ese grito de dejar entrar a Cristo en un mundo que le niega, le ignora, le persigue, cambió la vida de mucha gente. Fue como gasolina que pone en marcha un mecanismo de presencia apostólica un tanto oxidado, o como agua que lava y desvela algo que parecía desvanecido. Convenció y movilizó al cristianismo, lo volvió a colocar, como había proclamado el Concilio Vaticano II, en el mundo, pero no camino de una secularización de lo religioso, en su deprimente privatización de ritos o conciencias o en la politización de una superestructura marxista, sino en el mundo, si se me permite el reduccionismo, paulino del viaje, del apostolado incesante mientras se trabaja y se vive, o en el de Agustín de Hipona, para buscar a Dios, desde fuera saliendo de nuestro interior. Federico Fernández de Buján, en su ponencia titulada como «Cinco reflexiones y una Oda. *In Memoriam* de Juan Pablo Magno», diseña con brillante prosa las claves de ese pontificado, en cinco puntos, en cinco reflexiones. Un pontificado que lo fue desde la larga vida sacerdotal y de obispo de Karol Wojtyla. Esa petición, «Dejadme ir a la casa del Padre», apasionada que Juan Pablo II solicita en el umbral de su muerte y con la que comienza la ponencia del Profesor Fernández de Buján, no es sino la culminación de una vida de fe profunda llena de esperanza. Vivimos para poder pedir que con su misericordia el Padre nos abra la puerta de su casa en la que, como dijo Jesús a sus discípulos poco antes de subir al cielo, hay muchas moradas. Una a una, esas claves nos permiten adentrarnos en su poderoso legado que podemos estudiar y disfrutar en sus homilías, discursos y muy especialmente en sus encíclicas. Me gustaría destacar entre ellas, y con esa elección hago injusticia a las demás, monumentales en lenguaje y doctrina, tres de sus encíclicas. La *Veritatis Splendor*, publicada el 6 de agosto de 1993, se adentra en el valor de la verdad cristiana y en su defensa y enseñanza, casi como un desafío al cinismo supuestamente estoico de Poncio Pilato al replicar a Jesús con su «¿Qué es la verdad?». La encíclica explica que «el esplendor de la verdad brilla en todas las obras del Creador y, de modo particular, en el hombre, creado a imagen y semejanza de Dios (cfr. *Gn* 1, 26), pues la verdad ilumina la inteligencia y modela la libertad del hombre, que de esta manera es ayudado a conocer y amar al Señor».

Como se resumía en la página web almudi.org, «el Papa explica detenidamente los fundamentos de la moral. Al exponer la doctrina católica sobre este tema, tiene en cuenta la situación cultural y social del presente, y valora críticamente algunas tendencias actuales de la teología moral. La encíclica —que resumimos aquí— es una luminosa enseñanza sobre la libertad. No en vano procede de un Papa que ha dicho que, si hubiera de escoger una frase de los Evangelios, se quedaría con esta: «La verdad os hará libres».

En la introducción, Juan Pablo II explica el motivo de la encíclica: «Recordar algunas verdades fundamentales de la doctrina católica, que en el contexto actual corren el riesgo de ser deformadas o negadas». El peligro viene de tendencias influidas por «corrientes de pensamiento que terminan por erradicar la libertad humana de su relación esencial y constitutiva con la verdad».

De ahí se siguen varios errores: se niega la doctrina sobre la ley natural; se rechazan ciertas enseñanzas morales de la Iglesia; no se admite que el Magisterio pueda intervenir en materia moral con instrucciones vinculantes; se duda de que los Mandamientos sean válidos en toda circunstancia; se pone en tela de juicio el nexo entre fe y moral, como si solo la primera definiera la pertenencia a la Iglesia, mientras que habría que dejar las cuestiones sobre la conducta al juicio de la conciencia individual.

Era una clara advertencia sobre el mal del siglo, el relativismo moral y doctrinal tan nocivo como acomodaticio y que tanto pondrá de manifiesto Benedicto XVI, fiel sucesor de san Juan Pablo II.

Por su parte, la encíclica *Evangelium Vitae,* publicada el 25 de marzo de 1995, aborda el valor supremo de la vida desde una antropología cristiana esencial, a la vez que analiza los graves ataques que sufre en estos tiempos, como el aborto, la eutanasia, y como se recogía en algunos medios, como almudi.org, «si la Iglesia, al final del siglo pasado, no podía callar ante los abusos entonces existentes [referencia a la encíclica *Rerum novarum*, de León XIII, sobre la cuestión obrera], menos aún puede callar hoy, cuando a las injusticias sociales del pasado, tristemente no superadas todavía, se añaden en tantas partes del mundo injusticias y opresiones incluso más graves (...). La presente encíclica (...) quiere ser, pues, una confirmación precisa y firme del valor de la vida humana y de su carácter inviolable, y, al mismo tiempo, una acuciante llamada a todos y a cada uno en nombre de Dios».

Finalmente quiero referirme a la encíclica *Fides et Ratio*, publicada el 15 de octubre de 1998, que aborda otro de los desafíos de las sociedades contemporáneas que pretenden desde el racionalismo de la Ilustración negar la capacidad de discernimiento de la idea de Dios y de la religión para ser comprendida desde la razón, sosteniendo tesis empíricas y cientificistas. Como se resumía en las páginas de almudi.org, «la fe y la razón son como las dos alas con las cuales el espíritu humano se eleva hacia la contemplación de la verdad». Esta frase, con la que se inicia la encíclica *Fides et Ratio* de Juan Pablo II, es una síntesis de su contenido central: la cuestión de la verdad, que es la cuestión fundamental de la vida y la historia de la humanidad. Juan Pablo II defiende la capacidad de la razón humana para conocer la verdad, y pide que la fe y la filosofía vuelvan a encontrar su unidad profunda.

Al margen de las diferencias de cultura, raza o religión, todo hombre se plantea los mismos interrogantes sobre su propia identidad, su origen, su destino, la existencia del mal, el enigma que sigue a la muerte. Es decir, busca una verdad última que dé sentido a su vida. Para buena parte de la mentalidad actual, sin embargo, se trata de una búsqueda inútil, pues el hombre sería incapaz de alcanzar esa verdad.

Con esa pequeña muestra del corpus teológico y doctrinal, extremadamente rico y amplio en su alcance, del papa san Juan Pablo II, queda clara su altura de teólogo, tanto como la de pastor, sus raíces con la tradición doctrinal de la Iglesia, singularmente con la de san Pablo VI, una tradición que se continuará en el pontificado de Benedicto XVI.

Pero junto al teólogo, al hombre intelectual que se enfrenta con conocimiento y sin miedo a los desafíos de las sociedades y tiempos modernos, al pastor que cuida amorosa y sacrificadamente de su rebaño de fieles, está la figura atractiva del hombre.

Y de repente allí estaba el Papa que descansaba más allá de Castelgandolfo, fundido con el maravilloso paisaje de las cumbres alpinas, descansando un momento tendido en la hierba o absorto en la contemplación de uno de esos paisajes que se te meten dentro del alma, seguro que rezando a Dios en comunión con la maravillosa Naturaleza creada por su mano, sentado en una silla, años más tarde, fatigado por la enfermedad pero deseando regresar al paisaje alpino que tanto le inspiraba. Esas fotos, esos reportajes, nos traían al ser humano que se fundía con el pontífice, y eso nos resultaba profundamente entrañable, como si abriésemos un álbum de fotos personal o familiar. En su ponencia, Rafael Navarro Valls nos regala, ya lo dice todo su título, «San Juan Pablo II: una experiencia cercana», en su testimonio y en el de su hermano Joaquín, tan cercano en todo al Papa, en clave emocional y reflexiva, esa mirada humana y espiritual de un ser humano excepcional y de un sacerdote y papa santos. El papa como uno de nosotros más en todo, en su cercanía, en su entrega total a la vocación de la llamada de Dios.

El papa Wojtyla fue, además, el motor de un movimiento tan inesperado como imbatible e imparable, el de los jóvenes que se pusieron en marcha, en salida de apostolado, en permanente peregrinación, en oración pública y apasionada, merced a las Jornadas Mundiales de la Juventud. Parecía como si los jóvenes, los herederos de un siglo XX convulso y, en muchas etapas, perverso, de espaldas a los valores del humanismo cristiano, solo estuvieran como adormecidos esperando el grito convocándolos a seguir a Cristo, al carpintero de Nazaret, al Hijo de Dios hecho Hombre. Ese grito, ese gesto profético lo dio, lo pronunció el papa Wojtyla. Cada comparecencia suya en las Jornadas Mundiales de la Juventud suponía una explosión atómica de cristianismo, una fresca y directa evangelización, un chute, si me permiten la expresión un tanto vulgar pero expresiva de esperanza cristiana. Además, su entusiasmo era contagioso, era palpable que disfrutaba, que compartía sin límites esos momentos con los jóvenes, suponía, como nos dice el Evangelio de san Mateo, el grano de mostaza, la levadura en manos de la mujer, la luz colocada en el monte de la esperanza. San Juan Pablo II se erigía, así, en guía, en compañero de viaje y de peregrinación para esos jóvenes inicialmente sin rumbo y que en esas Jornadas descubría a Cristo y a su Iglesia, un sentido escatológico a sus vidas. De esas Jornadas salían compromisos personales, vocaciones apasionadas, planes de apostolado, toda una agenda de fe, esperanza y caridad.

También lo fue de la familia. Creía firmemente que, si se quebraba esa unidad familiar —toda su vida creció en el vivero de su familia profundamente cristiana—, se quebraba toda la sociedad y los individuos que la forman. «La familia es el santuario de la vida», frase que de una y otra manera repetía habitualmente. El ejemplo callado, cotidiano, *ora et labora,* aplicando el lema de san Benito, de la familia de Nazaret, lo sentía profundamente y lo predicaba con pasión y con exigencia. Posiblemente sea este, el de la familia cristina, la gran asignatura pendiente de la agenda de tareas cristianas de siempre, pero muy especialmente de ahora mismo, de tan amenazada como se encuentra.

Acudimos, nos lo pidió expresamente mi suegra Felisa Puebla, una gran mujer, una cristiana de profunda fe, mi mujer, nuestros hijos y yo a una Jornada Mundial de la Familia, la tercera, en Roma, que presidió, en la Plaza de San Pedro, san Juan Pablo II. Era en el contexto del Jubileo del Año 2000, los días 14 y 15 de octubre de ese año, con el lema de los niños como *leit motiv* de la misma. Aún enfermo el papa y en la lejanía de su figura en la Plaza, nos llegaban en la homilía de la Santa Misa, sus palabras, firmes, claras, exigentes, cariñosas, un viático, un equipaje para no solo recordar ese día romano, sino para tomar nuevo impulso en nuestra vida familiar. En esa enorme congregación de familias cristianas en la Plaza de San Pedro, unidas en la fraterna celebración de la Eucaristía, sentíamos la cercanía de las palabras del Papa, que comprendía nuestras vidas, nuestros problemas, nuestras esperanzas.

Quisiera dejar aquí, en estas páginas de introducción a las magníficas aportaciones de tan ilustres ponentes, la constancia de un testimonio personal. Me casé con mi mujer Lourdes de Orduña Puebla, en Madrid, en la iglesia de San Fermín de los Navarros un 17 de abril de 1991. Celebraron el enlace y la Eucaristía tres sacerdotes; mi hermano Miguel Ángel, sacerdote del Opus Dei, el padre José Manuel Lapuerta, muy vinculado a la familia de Lourdes, y Antonio Pelayo, sacerdote, periodista y amigo fraternal mío de largo recorrido, que nos trajo la bendición de Su Santidad Juan Pablo II. Les asistió como diácono mi querido cuñado Ignacio de Orduña Puebla, que poco después sería ordenado sacerdote en Toledo por el Cardenal Primado D. Marcelo González Martín. Fue todo emocionante y entrañable.

Antonio nos preguntó qué queríamos de regalo y Lourdes le contestó que, como nos íbamos de viaje de novios a Italia, que si fuera posible nos gustaría asistir a una audiencia con el Papa. Tras pasar unos días maravillosos en Capri, recalamos en Roma, comimos con Antonio Pelayo, que nos dijo que había conseguido —su relación con Juan Pablo II desde los tiempos de su arzobispado en Cracovia, era muy estrecha— que pudiéramos asistir a la misa privada que el Papa celebraba en su capilla privada muy de mañana. Al día siguiente recibimos una nota de Monseñor Stanislaw Dziwisz, uno de los secretarios del Papa, citándonos para la misa del día siguiente. No pegamos mucho ojo esa noche y al amanecer, y aún oscuro, recorrimos las desiertas calles de Roma hasta la Plaza de San Pedro. Nos presentamos en la puerta indicada que daba acceso al Palacio Apostólico en un lateral anejo a la Plaza. Serían como las seis y media de la mañana, y por una gran escalinata accedimos a los aposentos privados del Papa. Fuimos conducidos a una pequeña capilla y jamás olvidaré lo que vimos; al papa Juan Pablo II de rodillas en un reclinatorio de piedra, como fundido en ese reclinatorio, profundamente recogido en su oración.

Luego asistimos a la Eucaristía, que comenzó puntualmente a las siete de la mañana, celebrada por el Santo Padre y al que acompañaban junto al altar un grupo de religiosas africanas que cantaron, creo recordar que en francés, durante la celebración. El Papa nos dio la comunión y, tras finalizar la misa, pasamos a un salón adjunto, la Biblioteca, que tenía dos grandes ventanas que daban a la Plaza de San Pedro y por las que entraba la luz de la mañana romana. Hicimos un círculo amplio y, cuando el Papa entró, se dirigió primero muy afectuosamente a las religiosas africanas a las que, con mucho sentido del humor, les dijo: «Vous chantez très bien». Luego saludó a otras tres parejas más, una de las cuales era norteamericana. Tampoco olvidaremos jamás, ni Lourdes ni yo, el momento en que san Juan Pablo II se acercó a nosotros, nos preguntó nuestros nombres, por nuestro lugar de residencia, nuestro trabajo, al decirle que era fiscal, me animó a que nunca olvidara al prójimo al hacer justicia, se interesó por nuestras familias, al conocer que nos habíamos casado recientemente, nos bendijo especialmente mientras nos pedía que conserváramos siempre a Dios con nosotros y, finalmente, nos entregó un rosario que rezo y conservo como un tesoro.

Lo que se me quedó grabado para siempre fue su mirada. De ojos claros, directa, franca, amorosa, la mirada de alguien que sabe que eres tú, inolvidable no solo por su evidente magnetismo, sino por su profunda humanidad y espiritualidad.

No tiene mucho sentido que diga que san Juan Pablo II fue mi Papa. Lo fue de todos los cristianos y de muchos que no lo eran. Sucesor de Pedro, cabeza de la Iglesia. Pero lo fue. Por su cercanía en esas experiencias vividas no muy lejos de él. Porque revivificó mi fe cuando iniciaba la edad de mi madurez personal, porque me abrió las puertas de Cristo en tantos y tantos campos, porque nos hizo sentirnos más y más una familia cristiana, porque le admiraba como sacerdote, obispo y papa, porque era ejemplar en todo. En el vigor juvenil de sus primeros años, en el papa herido por la barbarie de un asesino terrorista al que perdonó como Cristo en la Cruz, al papa enfermo que nos conmovía haciendo el camino del Calvario día a día, sin quejas, mostrando al mundo las llagas de la enfermedad y del dolor como un don, un viático para la eternidad, una manera de tomar la Cruz y seguir a Jesús, en silencio, sin alharacas.

Eduardo Torres-Dulce Lifante
Hermano Mayor de la Real y Pontificia Congregación de la Purísima de la Real Academia de Jurisprudencia y Legislación. Miembro de número de la Real Academia de Jurisprudencia y Legislación.

SAN JUAN PABLO II:
UNA PERSPECTIVA CERCANA

Escribir sobre Juan Pablo II es aventurarse en el relato de una figura que trascendió las fronteras de lo religioso para convertirse en un referente universal de la humanidad. Cuando en su quinta visita a Polonia, el 14 de agosto de 1991, se acercó a Wadowice recordando con emoción —y alguna lágrima— su niñez, su juventud y la importancia de sus padres en su formación, nadie podía imaginar que ese pequeño pueblo polaco había dado a luz al papa más carismático que ha tenido la historia de la Iglesia. Había nacido allí el 18 de mayo de 1920, y ahora, más de un siglo después, su figura sigue inspirando admiración mundial.

El carisma singular de un pontífice excepcional

Juan Pablo II fue, sin lugar a dudas, el papa más carismático que ha tenido la historia de la Iglesia. Su presencia tenía algo único: cuando aparecía en pantalla, lo eclipsaba todo. Esta capacidad extraordinaria de cautivar audiencias no era simplemente fruto de técnicas comunicativas, sino la manifestación de una personalidad que arrastraba a millones de personas en todo el mundo.

Su carisma se fundamentaba en tres pilares esenciales que definían su identidad: rezar, trabajar y sonreír. Era un hombre alegre que reflejaba en lo cotidiano una auténtica teología de la alegría. Esta dimensión humana del papa polaco constituía el secreto de su extraordinaria capacidad de conexión con personas de todas las edades, condiciones sociales y creencias religiosas.

La comunicación de Juan Pablo II tenía características únicas que la distinguían de cualquier otro líder de su tiempo. Como observó perspicazmente un periodista del *New York Times* tras el viaje papal a Estados Unidos en septiembre de 1987: «El papa domina la televisión simplemente ignorándola». Esta paradoja revelaba el secreto de su eficacia comunicativa: no se adaptaba a los medios, sino que los medios se adaptaban a él.

Desde su primer viaje a México, Juan Pablo II despertó la curiosidad de los expertos en comunicación. Su secreto residía en que sabía que tanto él como quienes le escuchaban eran criaturas de Dios y, por tanto, podían entender, porque todos los hombres tienen la capacidad de conocer la verdad. Esta convicción profunda le permitía exponer las cosas con una simplificación originaria que facilitaba la transmisión del mensaje.

Los encuentros personales: testimonio de una grandeza humana

Tuve el honor de ser recibido en dos ocasiones por san Juan Pablo II. La primera, en su Biblioteca privada, la segunda, en la Nunciatura de Madrid con mi familia. Estos encuentros me permitieron conocer de cerca la dimensión humana de quien ya intuía que sería reconocido como santo por la Iglesia universal.

El 7 de abril de 1990 asistí a su misa en el pequeño oratorio donde pasaba horas rezando. Preparaba entonces el viaje a Checoslovaquia invitado por Václav Havel. Había convocado a parte de los obispos de ese país, que llenaban el pequeño oratorio del papa —unas 15 personas—. Era costumbre del políglota papa polaco celebrar la misa en el idioma de los países que visitaba, manifestando así su capacidad de universalidad y cercanía.

Al concluir la ceremonia llamó a Joaquín Navarro-Valls, su portavoz —que me acompañaba— para despachar cuestiones de gobierno. La escena que siguió reveló la sensibilidad pastoral del pontífice ante los acontecimientos mundiales. El día anterior, Balduino de Bélgica había dimitido para no firmar la ley de aborto aprobada por el Parlamento. El papa estaba preocupado por el rey e interpeló a su portavoz: «Habría que hacer algo para apoyar ese gesto valiente del rey». El director de la Sala de Prensa se puso en marcha y, al día siguiente, firmas importantes de Europa y América glosaban positivamente el acontecimiento.

Ver rezar a Juan Pablo II era como asomarse a la infinitud en la que él entraba y que permitía intuir hacia dónde iba su espíritu. Esta experiencia dejaba una impresión imborrable en quienes tuvieron el privilegio de acompañarle en esos momentos de intimidad con Dios. Su relación especial con la oración, a la que dedicaba diariamente varias horas, constituía una parte fundamental de su vida.

Aunque Juan Pablo II nunca hablaba de su vida interior, un día, reflexionando sobre la Misa, afirmó que era «la necesidad más profunda» de su alma. Esta confidencia revelaba la fuente de su fortaleza espiritual y de su capacidad para enfrentar los enormes desafíos de su pontificado con serenidad y esperanza.

El papa viajero: una misión universal sin fronteras

En sus casi 27 años de pontificado, Juan Pablo II realizó un total de 240 viajes: 104 fuera de Italia y 146 dentro del propio país. Traducido a kilómetros, recorrió un millón 247 mil 613 kilómetros, equivalente a 3,24 veces la distancia de la Tierra a la Luna. Estos números extraordinarios planteaban dos preguntas evidentes: ¿Por qué viajaba tanto? ¿Qué frutos producían esos viajes?

Una mañana de enero de 1990, un niño de 11 años le preguntó: «¿Por qué estás siempre viajando por el mundo?». El Pontífice polaco respondió con una sencillez que encerraba una profunda sabiduría: «El papa viaja tanto porque no todo el mundo está aquí». Esta respuesta revelaba su clara comprensión de que no todos los factores culturales, intelectuales y morales eran los que existían en Roma, y que su misión requería una presencia universal.

Los frutos de cada viaje no se medían únicamente en términos cuantitativos, sino en la calidad de las transformaciones que su presencia generaba. Un colaborador cercano del papa explicaba que, por un lado, estaba lo que Juan Pablo II hacía y decía, pero por otro, lo que con su presencia ocurría en cada lugar: lo que llamaba «el programa exclusivo de Dios».

Un ejemplo extraordinario de este impacto se vivió en Kisangani, a orillas del río Congo. En una noche de calor sofocante y al final de una jornada agotadora, cuando se preguntó a un joven misionero envejecido por la malaria y el trabajo si valía la pena que el papa hubiera venido allí unas horas, su respuesta fue reveladora: «No puedo hacer un balance global, pero, aunque solamente quedara el bien que ha hecho a mi alma estar con el papa, ya estaría justificado su viaje hasta Kisangani».

Otros resultados de los viajes papales tardaban en manifestarse, pero su impacto era profundo y duradero. El 28 de enero de 1999, estando el papa en Missouri, se enteró de que pocos días después sería ejecutado Darrel Mease, un veterano de Vietnam condenado a muerte. Nada dijo públicamente, aunque privadamente hizo llegar al Gobernador —que no era católico— su súplica de indulto. El Gabinete del gobernador accedió, pero puso como condición que hiciera públicamente la petición.

Con gran sencillez, en la catedral de San Luis, al pasar junto al Gobernador se inclinó y le susurró: «Have mercy on Mr. Mease» (Tenga misericordia del Sr. Mease). Con idéntica brevedad el Gobernador contestó: «I will do it» (Lo haré). Y cumplió su palabra. Este episodio ilustra perfectamente cómo la simple presencia del papa y su palabra serena podían inclinar corazones hacia la misericordia.

El pontífice de las certezas

La mejor definición del papa no ha salido de medios eclesiásticos, sino mediáticos. Gianni Pasquarelli, director general de la RAI, en un almuerzo con Juan Pablo II en septiembre de 1990, calificó su etapa en la Sede Apostólica como «un pontificado de certezas». Las muchedumbres que se acercaban a él, tanto en la plaza de San Pedro como en sus numerosos viajes, lo veían como un faro seguro en las tensiones doctrinales y civiles que enmarcaron el tercio de siglo en que gobernó la Iglesia.

Esta certeza no era dogmatismo, sino claridad en la propuesta de valores fundamentales. Su encíclica *Fides et Ratio* constituía una llamada a liberar el entendimiento de las imágenes que lo idiotizan. En una época que había convertido al sujeto racional en sujeto económico, Juan Pablo II intentó recuperar la visión del hombre como sujeto pensante y moral. Devolvió al hombre de hoy la esperanza de encontrar una respuesta segura a sus grandes inquietudes, defendiendo frente al extendido relativismo la posibilidad de la razón de llegar a verdades absolutas.

Una de las mayores dificultades en la transmisión de valores religiosos y trascendentes era la desaparición de un sistema común de referencias. Juan Pablo II logró crear nuevamente ese marco compartido desde el cual las palabras recuperaban su significado auténtico. Su capacidad para comunicar valores universales trascendía las diferencias religiosas y culturales, llegando a personas de todas las condiciones.

El Papa polaco entendía que la comunicación de verdades profundas requería lo que él llamaba «patentización social de la fe». No se trataba simplemente de proclamar doctrinas, sino de hacer visible y atractiva la propuesta cristiana para el hombre contemporáneo. Su metodología comunicativa renovó la imagen del papado, haciéndolo cercano sin perder solemnidad, universal sin diluir la especificidad del mensaje cristiano.

El defensor planetario de los derechos humanos

Cuando las revistas *Time* y *Newsweek* lo eligieron «hombre del año» en 1994 y 1996, respectivamente, subrayaron el liderazgo de Juan Pablo II en la lucha por los derechos humanos. El Papa polaco hablaba de las exigencias «de un corazón nuevo» capaz de promover la auténtica dignidad del hombre, como un camino «para encontrar una resolución pacífica de las situaciones más complejas».

Su tenaz reiteración de que «los derechos del hombre son también derechos de Dios» atrajo la atención de cientos de miles de personas. Esta atención se convirtió en respeto al comprobar que Juan Pablo II no se limitaba a pronunciar frases bellas, también las vivía. Cuando lo vimos abrazando a los desheredados de las favelas brasileñas, a los moribundos de los hospitales de Calcuta o a los enfermos de sida en muchos países de África, supimos que estaba llenando de contenido la expresión «derechos humanos».

Su compromiso con los derechos humanos se manifestaba en intervenciones específicas y valientes. Pidió a Castro —y lo logró— la libertad de trescientos presos políticos. Intercedió —como vimos— ante el gobernador de una penitenciaría tejana por la vida de un recluso condenado a muerte: lo rescató *in extremis* de la inyección letal. Condenó ante la puerta de Brandeburgo las dictaduras que la convirtieron en un muro o que fueron escenario de sus paradas militares.

Era una de las pocas autoridades mundiales que se atrevía a decir que «ante la norma moral que prohíbe la eliminación directa de un ser humano inocente, no hay privilegios ni excepciones para nadie». Su rechazo de cualquier forma de racismo —incluido el cromosómico— lo convirtió en una voz profética en defensa de la vida humana desde la concepción hasta la muerte natural.

Su oposición casi en solitario a las guerras del Golfo e Irak constituía un ejemplo de su coherencia en la defensa de la paz. Un diario tan poco sospechoso de clericalismo como *La Repubblica* lo calificó de «portavoz planetario de los derechos humanos». Esta autoridad moral la había ganado con gestos concretos y posiciones valientes que trascendían las consideraciones políticas.

El protagonista de la caída del comunismo

Antes de ser elegido papa, Karol Wojtyla en una conversación privada con varios obispos alemanes profetizó el hundimiento del comunismo europeo. Sus palabras fueron proféticas: «Como ideología no tiene nada que decir. Como sistema económico ha fracasado. Se mantiene solamente por su perpetuación en el poder».

El Papa polaco, residente en una ciudad gobernada por comunistas, comenzó a hablar del comunismo como un paréntesis en la historia social europea. No abordó este tema desde una perspectiva política, sino que lo hizo con una visión mucho más histórica y cultural, con una conciencia ética y moral y desde las raíces de la historia y la cultura.

Juan Pablo II logró que cayera el Muro de Berlín sin una víctima y bañado de serenidad. Václav Havel, en el castillo de Praga, manifestó en su discurso de bienvenida a Juan Pablo II la alegría que sentía al recibir al hermano eslavo que luchó por reconquistar la civilización del espíritu frente al materialismo del régimen comunista.

Mijaíl Gorbachov declararía el 3 de marzo de 1992: «Todo lo que ha pasado en Europa del Este en los últimos años habría sido imposible sin el esfuerzo de Juan Pablo II». El 3 de marzo de 1992, Gorbachov escribió en *La Stampa* de Turín un artículo muy elogioso del papa, explicando la gran influencia que había tenido en los cambios del Este europeo.

Cuando Juan Pablo II fue consultado sobre el «papel político» que había desempeñado en el escenario mundial, matizó que «no se puede hablar de un papel político en sentido estricto». La misión del Papa —continuó— «es predicar el Evangelio, pero en él se encuentra el hombre y, por tanto, sus derechos humanos».

No fue, pues, lo que ocurrió en 1989 una supuesta «Santa Alianza» entre Reagan y Juan Pablo II para eliminar el comunismo, como escribió Carl Bernstein. Fue la aplicación al orden socio-moral de su inmensa fe en los derechos humanos. También intervinieron los propios dirigentes soviéticos, pues no hay que olvidar que la palabra *perestroika*, entre otras cosas, significa conversión.

La dimensión humana de un santo

Lo más reseñable del carácter humano de Wojtyla era ser «un hombre alegre» y reflejaba en lo cotidiano «una teología de la alegría». Esta alegría no era superficial, sino que brotaba de una profunda confianza en la Providencia. Hasta en los momentos de dolor supo afrontar la vida con la alegría que debe distinguir a los cristianos.

Su actitud ante la enfermedad fue un claro ejemplo de «cómo se debe morir y cómo se puede y se debe convivir con el sufrimiento». Durante los últimos años de su vida, especialmente cuando la enfermedad de Parkinson se hizo más evidente, nos decía, aun sin poderlo manifestar, que la alegría proviene del descubrimiento del sentido del dolor.

Juan Pablo II «tenía la virtud de no saber perder un minuto» y, al mismo tiempo, de «no tener prisa jamás». Esta aparente paradoja revelaba una personalidad que había aprendido a vivir intensamente cada momento, pero desde la serenidad que da la confianza en Dios.

Un recuerdo particularmente emotivo se remonta al día del funeral de mi padre. Recibimos una llamada del propio pontífice que nos dio el pésame y preguntó por la salud de mi madre viuda. «Tenía tanto trabajo y aún se había acordado de mí y de mi pobre padre», reflexionaba mi hermano Joaquín. Estos detalles constituían una «señal de santidad»: estar en comunicación con todos, hasta con el último de los colaboradores y de los fieles en su vida cotidiana.

En una de sus visitas a Polonia se dio cuenta de que había un pedazo de pan en el suelo; se arrodilló, lo besó y lo puso sobre el césped para que lo comieran los pájaros. Solo una persona con los pies muy en la tierra y con la cabeza en el cielo puede captar el pequeño milagro de la vida en medio del gran alboroto de las cosas. Hoy se diría que es el gesto de un ecologista; un teólogo precisaría que es el gesto de quien ama a Dios a través de la creación.

La contribución sin precedentes a la enseñanza social católica

Juan Pablo II se distingue como el pontífice que, junto a León XIII, escribió sobre la «cuestión social» en toda la historia de la Iglesia. Sus tres encíclicas sociales —*Laborem exercens* (1981),

Sollicitudo rei socialis (1987) y *Centesimus Annus* (1991)— junto con innumerables discursos, homilías y documentos, constituyen un corpus doctrinal de una vastedad, profundidad y valentía extraordinarias. Esta producción no fue simplemente cuantitativa, sino que representó una auténtica revolución en el enfoque y contenido de la doctrina social de la Iglesia.

La metodología empleada por Juan Pablo II se nutría de fundamentos de la ética personalista de Max Scheler y de una renovada perspectiva antropológica que ponía al hombre en el centro del orden social. Su pensamiento social siempre sostuvo que lo primero, punto de partida de toda la doctrina social, era que «el hombre está en el centro», el hombre que trabaja libremente, creativamente, de manera participativa y solidaria. Esta centralidad de la persona humana se convertía en el hilo conductor que conectaba todos los principios de la enseñanza social católica.

El trabajo constituía para Juan Pablo II el lugar donde todos los principios de la doctrina social adquirían verdadera concreción. A través del trabajo se realiza el principio del «destino universal de los bienes» y adquiere realidad «la legitimidad de la propiedad privada como condición indispensable de autonomía personal y familiar». Su experiencia vital como obrero durante la guerra mundial enriqueció profundamente su comprensión de estas realidades sociales.

Una crítica profética al capitalismo y al comunismo

Contra interpretaciones simplistas que han intentado presentar a Juan Pablo II como un aliado del capitalismo tras la caída del comunismo, su magisterio social mantiene una crítica consistente y profunda tanto al colectivismo marxista como al liberalismo económico. En su primera encíclica social, *Laborem exercens*, recogiendo su experiencia vital como obrero, Juan Pablo II mostró claramente que la raíz perversa del capitalismo es la ideología del liberalismo economicista, el actual neoliberalismo, y que, por tanto, son inseparables.

La Iglesia, bajo su magisterio, se opuso tanto a los supuestos filosófico-antropológicos del comunismo colectivista como al capitalismo en su mismo espíritu o raíz. Esta posición equilibrada, pero radical en sus fundamentos antropológicos, demostró que la enseñanza social católica no se alineaba con ningún sistema económico particular, sino que juzgaba todos los sistemas desde la perspectiva de la dignidad de la persona humana.

Juan Pablo II logró que el mensaje social de la Iglesia volviera a ser relevante para las sociedades contemporáneas, mostrando que es posible ofrecer una alternativa tanto al materialismo marxista como al individualismo liberal. Su propuesta se basaba en una antropología integral que reconocía tanto la dimensión material como espiritual del ser humano, así como su vocación social y trascendente.

La encíclica *Laborem exercens*, publicada en el 90 aniversario de la *Rerum novarum*, marcó un hito en la evolución de la doctrina social católica. Juan Pablo II desarrolló una teología del trabajo que superaba ampliamente las aproximaciones anteriores, presentando el trabajo no simplemente como una actividad económica, sino como una dimensión fundamental de la realización humana.

Para Juan Pablo II, el trabajo humano tenía una dignidad especial porque, a través de él, el hombre participa en la obra creadora de Dios. Esta perspectiva teológica del trabajo se traducía en consecuencias prácticas revolucionarias: el trabajo tiene prioridad sobre el capital, el trabajador debe ser sujeto y no objeto del proceso productivo, y toda organización económica debe estar al servicio de la persona humana.

Su experiencia personal como trabajador durante la ocupación nazi le proporcionó una comprensión vivencial de las realidades laborales que se reflejaba en lo concreto y en el realismo de sus propuestas. Esta experiencia se combinaba con una sólida formación filosófica y teológica para producir una síntesis extraordinariamente rica y original.

La antropología personalista: fundamento de una nueva visión del hombre

La gran contribución filosófica de Karol Wojtyla al pensamiento contemporáneo radica en su capacidad para desarrollar una antropología personalista original a partir de una síntesis creativa entre el tomismo y la fenomenología. Su gran intuición fue que el pensamiento antropológico contemporáneo —y particularmente el cristiano— solo podía avanzar y superar los retos a los que se enfrentaba a través de esta síntesis estructurada en torno al concepto de persona.

Esta síntesis no era un simple eclecticismo, sino una reconstrucción completa de los conceptos antropológicos básicos. Wojtyla mantenía los presupuestos realistas del tomismo, pero no empleaba directamente los conceptos técnicos del sistema aristotélico-tomista (sustancia y accidentes, potencia y acto, la naturaleza hilemórfica) como fundamento estructural de la antropología. Tales conceptos impedían integrar de manera satisfactoria las novedades que deseaba incorporar: subjetividad, autoconciencia, autorreferencialidad.

Al mismo tiempo, era consciente de que no podía asumir sin más los presupuestos modernos, ya que ello conducía al idealismo. Su respuesta fue la completa reconstrucción de los conceptos antropológicos básicos a partir de elementos tradicionales y modernos, generando una nueva antropología de corte personalista que fuera capaz de ofrecer al no creyente, desde una razón contemporánea, un modelo de persona integrada, equilibrada y abierta a la trascendencia.

Una de las aportaciones más originales del personalismo de Wojtyla fue su teoría de que la experiencia moral constituye el fundamento epistemológico de la ética. Para él, la verdad sobre la persona humana se revela en la experiencia del imperativo moral —y no en tal o cual sistema de pensamiento—. Es la libertad, pero no cualquier forma de libertad ni un capricho, sino aquella que es amor y responde al amor.

En la experiencia de la libertad obligada a un acto de amor, el hombre descubre ser palabra pronunciada por algún otro antes que él mismo haya podido decir cosa alguna. La persona humana puede ser palabra llena de sentido porque en ella está presente la palabra de Dios. Esta perspectiva profundamente personalista y teológica se traducía en una ética que fundaba la dignidad humana no en construcciones racionales abstractas, sino en la experiencia vivida de la llamada moral.

La filosofía personalista de Wojtyla se basaba en la noción de «dignidad», que es fundamental para la norma personalista de la acción. Esta norma determina que la condición de la persona es ser un fin y no un medio. Como expresaba en su obra *Amor y responsabilidad*, «el fundamento de la moral es no usar nunca al otro, no instrumentalizarlo nunca, pues al instrumentalizarlo, lo cosifico, atento contra su estatuto de persona».

Esta perspectiva tenía consecuencias revolucionarias para la comprensión de las relaciones humanas, especialmente en el ámbito de la sexualidad y la vida familiar. Juan Pablo II desarrolló una «teología del cuerpo» que presentaba la sexualidad no como un obstáculo para la vida espiritual, sino como un camino de santificación cuando se vivía según su verdad inscrita por el Creador.

Para Juan Pablo II, la verdadera comprensión del amor humano requería entenderlo como «la unión de un yo y de un tú en un nosotros en el que el yo reconoce al tú en cuanto a tú». Esta visión personalista del amor se contraponía a una cultura que tiende a convertir al otro en objeto de posesión. Su perspectiva revelaba cómo «muchos matrimonios están saltando por el aire porque se quiere hacer del tú una prolongación del yo».

El pionero del diálogo interreligioso: construyendo puentes hacia la unidad

El 27 de octubre de 1986, Juan Pablo II realizó un gesto que cambiaría para siempre las relaciones entre las religiones del mundo: convocó en Asís la primera Jornada Mundial de Oración por la Paz. Por primera vez en la historia, los líderes de las grandes religiones mundiales se reunían para dialogar y orar por la paz. Fue una jornada de oración de unos junto a otros, y no —como subrayó cuidadosamente el papa— de unos contra otros.

El papa dio la bienvenida subrayando claramente que no se trataba de «buscar un acuerdo religioso o discutir sobre nuestras creencias», ni significaba «que las religiones pueden reconciliarse sobre el plano de involucramiento colectivo en realización de un plan mundano que sería más importante que ellas mismas». Tampoco era «una concesión para el relativismo religioso, porque un ser humano debería seguir la honestidad y la voz de su propia conciencia buscando la verdad y actuando según ella».

124 representantes de las confesiones cristianas y de las grandes religiones del mundo se reunieron en la ciudad que «la seráfica figura de san Francisco ha transformado en un centro de fraternidad universal». Este encuentro constituía un punto de inflexión en la actitud del catolicismo contemporáneo hacia las otras religiones y, al mismo tiempo, suponía un momento clave para la percepción del cristianismo que tenían las religiones no cristianas.

Gestos históricos de acercamiento interreligioso

Juan Pablo II se convirtió en el primer papa en realizar gestos de acercamiento interreligioso que permanecen como hitos históricos. El 13 de abril de 1986, visitó la sinagoga de Roma, convirtiéndose en el primer pontífice en cruzar el umbral de un templo judío. El encuentro con el Gran Rabino Elio Toaff, que se fundieron en un emotivo abrazo saltándose el protocolo, selló una visita que permanece impresa en el corazón y en la memoria de muchas personas.

Durante esta visita histórica, Juan Pablo II se dirigió a los presentes en lengua hebraica, condenó el antisemitismo y se refirió a los judíos como «hermanos mayores». Este gesto tenía sus raíces en la declaración *Nostra Aetate* del Concilio Vaticano II, pero Juan Pablo II le dio una dimensión personal y pastoral que multiplicó su impacto.

Quince años después, el 6 de mayo de 2001, Juan Pablo II realizó otro gesto sin precedentes al convertirse en el primer papa que entraba en una mezquita. En la Gran Mezquita de los Omeyas en Damasco, se descalzó siguiendo la tradición musulmana y oró en silencio para no herir sensibilidades. Este encuentro en un lugar donde cristianos y musulmanes veneran la tumba de san Juan Bautista simbolizaba la posibilidad de encuentro entre las tradiciones abrahámicas.

Juan Pablo II concebía el ecumenismo no como «un mero apéndice que se añade a la actividad tradicional de la Iglesia», sino como algo que «pertenece orgánicamente a su vida y a su acción». En su encíclica *Ut unum sint*, desarrolló la teología del compromiso ecuménico como una exigencia que brota de la misma fe cristiana.

El Papa polaco entendía que «el diálogo ecuménico, que anima a las partes implicadas a interrogarse, comprenderse y explicarse recíprocamente, permite descubrimientos inesperados». Las polémicas y controversias intolerantes habían transformado en afirmaciones incompatibles lo que de hecho era el resultado de dos intentos de escrutar la misma realidad, aunque desde perspectivas diversas.

Su visión del diálogo interreligioso se extendía más allá del ámbito estrictamente ecuménico para abarcar las relaciones con todas las tradiciones religiosas. Juan Pablo II estableció el principio de que «el diálogo entre las religiones constituye un don providencial para nuestro tiempo». Este diálogo no implicaba relativismo doctrinal, sino reconocimiento de la dignidad de toda búsqueda sincera de la verdad y de la paz.

El legado del espíritu de Asís

El encuentro de Asís no fue un acontecimiento aislado, sino que, como explicaba Juan Pablo II, «tenía una fuerza arrolladora: era como un manantial del que comenzaban a manar nuevas energías de paz». Por eso deseó que aquel acontecimiento no quedara aislado y se convirtiera en el origen de encuentros anuales que continúan hasta hoy organizados por la Comunidad de Sant'Egidio.

Del encuentro de Asís surgió el «Decálogo de Asís por la Paz», que Juan Pablo II envió a todos los jefes de Estado y de gobierno del mundo. Este documento comenzaba con la declaración de que «la violencia y el terrorismo son incompatibles con el auténtico espíritu de la religión» y contenía diez compromisos concretos en favor de la paz, la justicia y el diálogo interreligioso.

El Papa estaba convencido de que estas proposiciones podrían «inspirar la acción política y social» de los gobiernos. Entre los compromisos figuraban educar en el respeto hacia otros grupos étnicos, culturas y religiones; promover el diálogo interreligioso sin considerar las diferencias como muros insuperables; perdonarse mutuamente los errores del pasado; estar al lado de los que sufren; y defender el derecho de toda persona a una vida digna.

El comunicador extraordinario: más allá de las técnicas

La expresión «gran comunicador» referida a Juan Pablo II era verdadera, pero podía inducir a engaño si se pensaba solo que era un gran comunicador porque comunicaba bien a nivel formal. Cuando la gente decía «él tiene razón», no lo decía por darle la razón a una bella voz o a una expresividad comunicativa magnífica; se daba la razón a una persona que decía la verdad.

En él, lo bello, lo bueno y lo verdadero aparecían en su comunicación tan unidos entre sí que se entendía claramente la calidad de la comunicación por el contenido de lo que estaba comunicando. En resumen, él comunicaba a Dios, hacía más amables las virtudes, hacía propuestas que podían llenar una existencia. Esta era la virtud de su capacidad comunicativa, no tanto el aspecto formal.

Juan Pablo II era un comunicador tan poderoso que «se salía de la pantalla». Esta capacidad extraordinaria no era fruto del estudio de técnicas mediáticas, sino de la autenticidad de su persona y de la profundidad de su mensaje. Su formación teatral en la juventud le había enseñado el valor de los gestos y la importancia de una correcta puesta en escena, pero esto se conjugaba con una convicción profunda de que la cultura se nutre más de signos y metáforas que de argumentos y razones.

La llegada de Juan Pablo II al papado coincidió con una revolución en la comunicación vaticana. El Papa admiraba a los periodistas y los tenía en muy alta estima. Entendía que, en el mundo moderno, la eficacia de una línea de gobierno dependía inevitablemente de su comunicación.

Fue en esta época cuando, en 1997, la Santa Sede desembarcó en Internet. Cuando Navarro-Valls, su portavoz, le contó al pontífice polaco que existía la red de redes, este, luego de preguntarle : «¿Y nosotros no estamos?» y tener una negativa, le ordenó de inmediato montar el sitio. Esta anécdota ilustra la visión moderna que tenía el papa polaco sobre la importancia de los medios de comunicación para la evangelización.

El papa de los jóvenes y las familias

Juan Pablo II se convirtió en el papa de los Jóvenes por excelencia. Su capacidad para conectar con las nuevas generaciones era extraordinaria. En el estadio Maracaná de Brasil se transformó en un inmenso altavoz desde el que transmitió al mundo un mensaje de aliento a la juventud. Su presencia en las Jornadas Mundiales de la Juventud generaba una energía única que marcaba para siempre la vida de millones de jóvenes.

Su mensaje a los jóvenes no era condescendiente ni superficial. Les proponía ideales altos y les exigía coherencia. Como explicaba alguien que le conocía bien, el papa tenía una gran confianza en las posibilidades de las personas. Esta confianza se traducía en una exigencia amorosa que desafiaba a los jóvenes a dar lo mejor de sí mismos.

Su defensa de la familia constituía uno de los pilares fundamentales de su magisterio. No se trataba de una posición meramente conservadora, sino de una profunda comprensión antropológica de la importancia de la familia para el desarrollo integral de la persona humana.

En sus reflexiones sobre el amor humano, describía el verdadero amor como «la unión de un yo y de un tú en un nosotros en el que el yo reconoce al tú en cuanto a tú». Esta visión personalista del amor se contrapone a una cultura que tiende a convertir al otro en objeto de posesión. «Muchos matrimonios están saltando por el aire porque se quiere hacer del tú una prolongación del yo», observaba con perspicacia.

El legado perdurable de un pontificado extraordinario

Si hoy los gobiernos han llegado a la conclusión de que no se puede gobernar sin referencias éticas, la figura de Juan Pablo II se alza como un fuerte ejemplo y un gran estímulo para lograr esa conversión. Su pontificado no solo transformó la Iglesia católica, sino que influyó decisivamente en la configuración del mundo contemporáneo.

La reacción mundial en el centenario de su nacimiento ha sido de admiración hacia su figura. El papa Francisco ha escrito en colaboración un libro sobre él, *San Giovanni Paolo Magno* (traducido al español como *San Juan Pablo Magno*, Palabra 2020), la Conferencia Episcopal polaca lo ha propuesto como Doctor de la Iglesia y Patrón de Europa, una avalancha de publicaciones en torno al papa polaco inunda las librerías de medio mundo.

Dentro de unos días comienza el proceso de canonización de sus padres, lo cual —salvo el caso de santa Teresa del Niño Jesús— ocurre pocas veces en la historia de la Iglesia. Este hecho extraordinario subraya la importancia de la familia en la formación de su personalidad y en el desarrollo de su vocación.

La influencia de sus padres en su formación fue decisiva. La pérdida temprana de su madre a los 9 años, de su único hermano a los 12 y de su padre a los 21 marcaron profundamente a la persona. Estas experiencias de dolor, vividas desde una profunda religiosidad y providencialismo, desarrollaron en él una peculiar devoción mariana y una especial sensibilidad hacia el sufrimiento humano.

La santidad como horizonte y meta

La clave de lo que la Iglesia llama santidad radica, precisamente, en vivir de modo extraordinario las cosas ordinarias. Juan Pablo II encarnó perfectamente este ideal. Su grandeza no estaba solo en los grandes acontecimientos de su pontificado, sino en la manera como vivía cada momento, cada encuentro, cada gesto cotidiano.

Su santidad se manifestaba en los detalles aparentemente insignificantes: en la llamada telefónica a un colaborador en momentos de dolor familiar, en el gesto de recoger un pedazo de pan del suelo, en la paciencia con que escuchaba a cada persona que se acercaba a él.

Juan Pablo II merece, desde luego, el calificativo de «grande» por el conjunto de su pontificado. Sus 26 años de ministerio petrino han dejado una huella honda en la Historia. Pero su verdadera grandeza —como la de Juan XXIII y otros santos— está en su santidad, no solo en su actividad.

Esta santidad no era algo abstracto o lejano, sino una realidad palpable que se manifestaba en su modo de vivir, de relacionarse, de sufrir y de esperar. Quienes tuvieron el privilegio de estar cerca de él podían percibir esa «existencia de la gracia», de la que él mismo era consciente y por la que sabía que tendría que rendir cuentas a Dios.

Un pontificado que cambió la historia

Al reflexionar sobre la figura de Juan Pablo II, nos encontramos ante una personalidad que trasciende las categorías habituales. No fue simplemente un líder religioso, sino un protagonista de la historia universal que supo conjugar la fidelidad a la tradición cristiana con una apertura extraordinaria al mundo contemporáneo.

Su pontificado marca un antes y un después en la historia de la Iglesia y del mundo. Logró que el mensaje cristiano volviera a ser relevante para las sociedades secularizadas, sin diluir ni relativizar su contenido esencial. Mostró que es posible ser profundamente fiel a la tradición y, al mismo tiempo, audazmente innovador en los métodos y en las formas.

Juan Pablo II demostró que el verdadero liderazgo no se basa en el poder coercitivo, sino en la capacidad de convencer, de inspirar, de generar adhesiones libres y conscientes. Para ejercer su liderazgo, no contaba con otros instrumentos humanos más que la simple persuasión. Esta aparente debilidad se reveló como su mayor fortaleza.

En un mundo marcado por la desconfianza hacia las instituciones y los líderes, Juan Pablo II encarnó un tipo de autoridad moral que se sustentaba en la coherencia entre lo que decía y lo que vivía. Su credibilidad no venía de su posición oficial, sino de la autenticidad de su testimonio personal.

La grandeza de Juan Pablo II radica en haber sabido ser, simultáneamente, profundamente humano y auténticamente santo. No fue un personaje lejano e inalcanzable, sino alguien cercano que supo tocar los corazones de millones de personas de todas las culturas y condiciones sociales.

Su figura se irá engrandeciendo con el paso de la historia, no solo por lo que hizo, sino por cómo lo hizo. Enseñó que es posible vivir con alegría en medio del sufrimiento, mantener la esperanza en los momentos más oscuros, y ser instrumento de paz en un mundo dividido por conflictos y tensiones.

La lección más profunda que nos deja Juan Pablo II es que la santidad no es un ideal abstracto, sino una meta alcanzable para todo ser humano que decide entregarse sinceramente al servicio de Dios y de sus hermanos. En él vimos realizada la posibilidad de vivir de manera extraordinaria en las circunstancias ordinarias de la existencia humana.

Su legado permanece como un desafío y una inspiración para las generaciones presentes y futuras. En un tiempo marcado por el relativismo y la confusión de valores, su figura se alza como un faro que continúa iluminando el camino hacia la verdad, la belleza y la bondad. Verdaderamente, Karol Wojtyla merece el título de «el Grande» no solo por la magnitud de su obra, sino por la profundidad de su santidad.

Rafael Navarro-Valls
Catedrático Emérito de la Universidad Complutense y Vicepresidente de la Real Academia de Jurisprudencia y Legislación de España.

JUAN PABLO MAGNO.
CINCO REFLEXIONES Y UNA ODA

«Dejadme ir a la casa del Padre». Son las palabras que el Santo Padre dirigía a quienes le acompañaban en los últimos instantes de su vida. Las pronuncia, en polaco y con voz tenue, unas seis horas antes de las 21:37 del sábado 2 de abril de 2005, momento en el que partía al cielo. Su rogativa expresaba la profunda oración final de quien sentía el deseo de abandonarse en los brazos del Padre celestial. Según el testimonio del Dr. Buzzonetti, su médico personal durante 26 años: poco antes de las 19 horas, el Santo Padre entraba en coma… Según una tradición polaca, un pequeño cirio encendido iluminaba la penumbra de la habitación donde el Papa se estaba apagando. A las 20 comenzó la Misa de la Divina Misericordia, celebrada en un altar a los pies del lecho del Papa en agonía... Cuando expiró, los presentes entonaron el tedeum.

Subrayaba el papa Benedicto, en la Misa del segundo aniversario de su partida, cómo Juan Pablo II, desde mucho tiempo, se preparaba para el último encuentro con Jesús, como lo atestiguan las diversas redacciones de su testamento. «Durante los largos ratos de oración en su capilla privada hablaba con Él, abandonándose... y se encomendaba a María, repitiendo el *Totus tuus*. Como su divino Maestro, vivió su agonía en oración. Durante el último día de su vida... quiso participar... en la liturgia de las Horas... Verdaderamente, se durmió en el Señor. El perfume de su fe, esperanza y caridad... llenó la plaza de San Pedro, inundó la Iglesia y se difundió por el mundo entero».

Dividiré mi escrito en cinco reflexiones. En ellas, daré voz a nuestro papa Wojtyla y añadiré alguna consideración, por si alcanzo glosar, en algo, su pensamiento.

Primera. La Divina Misericordia

La Providencia quiso unir su *dies natalis* con la víspera del segundo domingo de Pascua, en el que se conmemoraba la fiesta de la Misericordia divina, instituida por él cinco años antes, en la ceremonia de canonización de su compatriota santa Faustina Kowalska.

En la homilía de la Santa Misa de la vidente polaca estableció que, cada año, el domingo de la Octava de Pascua se celebrase esta fiesta. Y concluía afirmando: «Y tú, Faustina, don de Dios a nuestro tiempo, don de la tierra de Polonia a toda la Iglesia, concédenos percibir la profundidad de la misericordia divina, ayúdanos a experimentarla en nuestra vida y a testimoniarla a nuestros hermanos».

La imagen de Jesús Misericordioso, asociada a esta devoción, encuentra su causa en la visión que Sor Faustina tuvo en 1931. Así lo relata la vidente: «Por la tarde, estando en mi celda, vi al Señor Jesús vestido de blanco. Una mano levantada para bendecir, y la otra tocaba la túnica a la altura del pecho. De la abertura de la túnica, en el pecho, salían dos grandes rayos: uno rojo y el otro pálido… Los dos rayos simbolizan el agua y la sangre que brotaron de su Corazón agonizante, al ser traspasado por la lanza. El Señor quiso que esa imagen se vinculase a la confianza plena de los hombres al querer de Dios». Así lo refiere santa Faustina. Por ello, deseó que abajo se pusiese la inscripción: «Jesús, en vos confío».

En 1980 publica su segunda encíclica que lleva por título: *Dives in Misericordia*. En su comienzo ya nos urge al decir: «(…) Es conviene que volvamos la mirada a este misterio, (…) lo exigen (…) las invocaciones de tantos corazones, con sus sufrimientos y esperanzas, sus angustias y expectación. Proclama que el único camino hacia un mundo más humano es la práctica de la misericordia». Y afirma, con fuerza: «Es necesario que (... la misericordia se transforme (...) en una ferviente plegaria, (...) en un grito (...) en conformidad con las necesidades del hombre en el mundo contemporáneo».

La misericordia constituye una de las claves de su pontificado. Desde el inicio quiso que la Iglesia se presentara al mundo como testigo del amor compasivo de Dios.

En la mencionada encíclica constata que misericordia y justicia son complementarias y cómo aquella humaniza a esta al disponerla al servicio del hombre. Afirma: «La misericordia difiere de la justicia, pero no está en contraste con ella, (...) fundamento profundo de la relación entre la justicia y la misericordia en Dios, en sus relaciones con el hombre y con el mundo».

La misericordia no debe nunca ser considerada como una manifestación de debilidad, sino en una potente fuerza que transforma las relaciones humanas. Como recordaba el jurista Antonio Ruggeri, el magisterio de Juan Pablo II enseñó a los juristas a «recuperar la ética dentro del derecho», dejando que este se deje «impresionar» y reconformar en su misma estructura constitutiva.

El papa polaco lleva la misericordia al terreno de las realidades políticas y económicas, por lo que constata que la doctrina social de la Iglesia encuentra su esencia y dinamismo interno en aquella.

La misericordia exige, en su pensamiento, la necesidad de construir una civilización del amor, cimentada en el perdón y la reconciliación. En esa perspectiva, el perdón rebasa el ámbito individual y privado para convertirse en el cimiento de la paz entre los pueblos. En este sentido subraya: «El mundo puede hacerse cada vez más humano, únicamente si introducimos en el ámbito pluriforme de las relaciones (...) sociales, junto con la justicia, el "amor misericordioso" que constituye el mensaje mesiánico del evangelio».

Esta convicción se tradujo en multitud de gestos entre los que destaco dos: el encuentro ecuménico de Asís en 1986, que reunió a líderes de todas las religiones para rezar por la paz; y la petición pública de perdón por los pecados históricos de la Iglesia que pronunció durante el Jubileo del año 2000.

Respecto del primero, ya en el Ángelus del 14 de septiembre, el Papa advierte: «El encuentro de Asís será una jornada dedicada precisamente a impetrar el gran don de la paz. Cuantos creemos en Dios estamos convencidos de que es Él quien nos da la paz. Cuanto más intrincadas se hacen las situaciones conflictivas, (…) cuantos más peligros se ciernen sobre la humanidad, (…) Nuestros recursos y medios humanos no bastan. Y la alternativa no es otra que la destrucción y la muerte».

Y la semana anterior al encuentro expresa, con claridad, su visión sobre la oración, el respeto mutuo y el papel de las religiones en la construcción de la paz, al decir: «Lo que acontecerá en Asís no será sincretismo religioso, (…) sino (…) oración a Dios en el respeto mutuo. Por eso ha sido escogida (…) la fórmula: estar juntos para rezar, (…) no se puede "rezar juntos", (…) pero se puede estar presentes cuando los otros rezan; de este modo manifestamos nuestro respeto por la oración de los otros y por la actitud de los demás ante la Divinidad (…)».

Esta cita sintetiza la espiritualidad del encuentro con una presencia respetuosa y contemplativa ante la diversidad de oraciones, todas ellas conformando un testimonio de fe. El papa concibe la oración no como un gesto pasivo, sino como acción, siendo la base espiritual que impulsa la transformación social. Así: «Tal vez, nunca en la historia de la humanidad como ahora se ha hecho(…) tan evidente la relación intrínseca entre una actitud religiosa y el gran bien de la paz (…). La oración es ya acción, en sí misma, pero eso no nos exime de las acciones al servicio de la paz. Juntos hemos llenado nuestras miradas con visiones de paz (…)

gestos que romperán las cadenas fatales de las divisiones heredadas por la historia o engendradas por las ideologías modernas».

Por otra parte, en la Jornada del Perdón —que fue parte del Gran Jubileo del año 2000—, el Papa pidió perdón por los pecados históricos de los hijos de la Iglesia. Y clamó: «¡Perdonemos y pidamos perdón! A la vez que alabamos a Dios, que, en su amor misericordioso, ha suscitado en la Iglesia una cosecha maravillosa de santidad, de celo misionero y de entrega total a Cristo y al prójimo, no podemos menos de reconocer las infidelidades al Evangelio que han cometido algunos de nuestros hermanos especialmente durante el segundo milenio».

Conscientes de esta firme devoción, el papa Benedicto hizo coincidir su ceremonia de beatificación con el segundo domingo de Pascua de 2011 y el papa Francisco presidió también su canonización en la misma festividad de 2014.

Segunda. El misterio del sufrimiento

Es inescrutable, en la existencia de cualquier hombre, el arcano misterio expresado en el cruce antagónico entre dicha y sufrimiento, salud y enfermedad. El lúcido pensamiento de Juan Pablo nos ofrece preciosas claves para entenderlo y aceptarlo. Destaco dos, de entre los centenares que cabría reseñar.

Wojtyła en el inicio de su Carta Apostólica *Salvifici doloris* presenta el sufrimiento humano como participación en la Cruz de Cristo, y por tanto, como realidad portadora de sentido y de fecundidad espiritual. En este sentido señala: «El sufrimiento parece pertenecer a la trascendencia del hombre; es uno de esos puntos en los que el hombre está, en cierto sentido, "destinado" a superarse a sí mismo».

No se trata de glorificar el dolor, sino de descubrir que en él se encuentra un camino de comunión, de redención y de esperanza. Y siguiendo con esta reflexión, escribe: «Cristo desciende (…) hasta el extremo de la debilidad y la impotencia humana (…). Pero si al mismo tiempo en esa "debilidad" se cumple su "elevación", confirmada con la resurrección, esto significa que… todos los sufrimientos humanos pueden ser penetrados por la misma fuerza de Dios… ».

El Papa Magno llega más allá, al considerar que el dolor humano, unido a Cristo, se convierte en don. En su Encíclica *Evangelium Vitae* señala: «Vivir para el Señor significa reconocer que el sufrimiento, aun siendo en sí mismo un mal y una prueba, puede siempre llegar a ser fuente de bien (…) si se vive con amor y por amor, participando, por don gratuito de Dios y por libre decisión personal, en el sufrimiento mismo de Cristo crucificado, (...) quien vive su sufrimiento en el Señor se configura más plenamente a Él...».

Y junto a su palabra, su vida, en coherencia absoluta con su predicación. El casi constante sufrimiento del Papa —claro testimonio de esta enseñanza— fue una donación llena de confianza y paz que transformó su ministerio petrino. Huérfano de madre desde su tierna niñez y de padre en su primera juventud; padeció en su Patria primero el horror nazi, después, la crueldad de la guerra y durante décadas, el sometimiento al régimen comunista que profanó la dignidad humana y persiguió la libertad religiosa.

No era esperable que aquel llamado Huracán Wojtyla, montañero y esquiador, elegido Pontífice en portentosa plenitud física y prodigiosa fortaleza de espíritu, se convirtiese en el Papa, del pasado siglo, que mayor número de enfermedades y sufrimientos padeció, pudiendo decirse gráficamente que fue una encarnación del «varón de dolores».

El sufrimiento ha acompañado su pontificado desde el atentado del 13 de mayo de 1981 hasta su última enfermedad. Para él, sufrir no fue esencial en su misión de guiar a la Iglesia hacia el nuevo milenio. Juan Pablo II no interpretó el atentado como un azar, sino como un signo providencial. Lo expresó en Fátima, al año siguiente: «Una mano disparó y otra mano guio la bala».

La convicción de que su vida había sido preservada por la Virgen reforzó su identificación con el «evangelio del sufrimiento» que debía predicar no solo con palabras, sino con la experiencia misma de su cuerpo.

Con sus 10 ingresos y sus 153 días de hospitalización, le otorgó al Gemelli el título de «Vaticano Tercero». Conmueven los testimonios de sus médicos acerca de su profunda paz y serenidad, la aceptación de sus enfermedades y padecimientos y, quizá lo que más, la conformidad con una inactividad, que era tan contraria a su ser.

Juan Pablo expresó que el Cardenal Wyszynski le profetizó, el día de su elección, que guiaría a la cristiandad hasta el tercer milenio. Y con una convicción que sobrecoge, manifiesta que ese servicio a la Iglesia y al mundo vio con claridad que no lo podría ejercer solo con la acción y la oración, por importantes e imprescindibles que estas sean, sino que solo lo podría alcanzar, en su integridad, desde el sufrimiento personal.

Así, después de su larga hospitalización en el Gemelli, habló de este «don necesario» del sufrimiento. El Papa nos abrió su corazón al decirnos: «Doy gracias al Señor, que me concede encontrarme nuevamente con vosotros en mi lugar de trabajo, después de algunas semanas de hospitalización». Y añade conmovido: «Por medio de María quisiera expresar hoy mi gratitud por este don del sufrimiento... He comprendido que es un don necesario. El Papa debía estar en el hospital policlínica Gemelli; debía estar ausente de esta ventana durante cuatro semanas... Y he comprendido que debo llevar a la Iglesia de Cristo hasta este tercer milenio con la oración, con diversas iniciativas, pero he visto que no basta: necesitaba llevarla con el sufrimiento».

Su prodigalidad evangélica se nutrió, pues, de su participación en el dolor. En esos momentos de inconmensurable debilidad física fue cuando más fuerza interior demostró.

Las imágenes de Juan Pablo II sufriente conmovieron al mundo. Cinco días antes de su partida al cielo, el Domingo de Resurrección, estremeció al mundo al intentar y no lograr impartir su bendición *urbi et orbi*. Tres días más tarde, el miércoles de Pascua, volvió a intentarlo sin lograrlo. Fueron las dos últimas estaciones públicas de su personal via Crucis, que termina en su via lucis de la noche del sábado.

Arturo Mari, uno de los más renombrados fotógrafos de Juan Pablo II, afirmó que su preferida era la última que tomó al Papa cuando estaba siguiendo el Vía Crucis del Viernes Santo de 2005. Se le ve, de espaldas, en su capilla privada unido a Cristo y a los fieles reunidos en el Coliseo. Se relata que durante ese Vía Crucis, en cierto momento, pidió una cruz, se la llevaron y se abrazó a ella.

Aquella cruz —que hoy es una reliquia— tiene una bonita historia. Una mujer que vivía en las montañas polacas de Bieszczady se lesionó y no podía caminar. Le pidió a su esposo una cruz de madera para rezar ante ella. Más tarde, la mujer regaló la cruz a un grupo de peregrinos que se dirigían a Roma con motivo del Jubileo del 2000. Los peregrinos se la regalaron al Papa. A su muerte, el Vaticano la regaló a una parroquia polaca. Desde entonces viaja de pueblo en pueblo, recordando el último Vía Crucis de san Juan Pablo II, aquel último Viernes Santo de su vida.

En el segundo aniversario de su partida, el Papa Benedicto subrayó: «En la vida de Karol Wojtyla, la palabra "cruz" no fue solo una palabra. En el lento pero implacable avance de su enfermedad, que poco a poco lo despojó de todo, su existencia se transformó en una ofrenda completa a Cristo (...)».

Recuerdo el desagrado que me produjeron los crudos términos con los que algunos articulistas se pronunciaron, en sus últimas semanas de vida, manteniendo que debería renunciar. Uno afirmaba sentir «angustia cuando la televisión exhibe impúdicamente las imágenes de un Papa... disminuido y... agonizante». En aquellos momentos yo, y millones de personas de buena voluntad, sentimos un edificante consuelo, que nos ayudaba a intentar encontrar una respuesta al enigma del sufrimiento en el mundo.

Una sociedad en la que solo cuenta la plenitud física y el placer, el ejemplo del Santo Padre, menesteroso y doliente, era de difícil comprensión. Asimismo, la sociedad del ruido no tenía capacidad de escuchar su elocuente silencio.

Veinte siglos más tarde, es plenamente vigente aquella reflexión de san Pablo a los Corintios: «Los judíos piden señales, los griegos sabiduría, (...) nosotros predicamos a Cristo crucificado, escándalo para los judíos, locura para los griegos». Y es que la misma realidad es diversa desde la fe. Lo que desde la valoración terrena pudiera ser necedad, en clave sobrenatural adquiere pleno sentido. Y volviendo a Pablo: Dios eligió la flaqueza del mundo para confundir a los fuertes. Qué bien se entendía al Papa desde esta sentencia cristiana.

En sus últimos años, cada aparición pública del anciano y doliente pontífice fue una catequesis silenciosa. Su parkinson, su pérdida de voz, su fragilidad, su casi inmovilidad eran una encarnación sobre la dignidad del sufrimiento. Su postrera bendición desde la ventana de sus apartamentos fue su homilía más elocuente.

Su partida el cielo, acompañada por los fieles reunidos en la plaza de San Pedro y por millones en oración, constituye un acto eminentemente eclesial en el que el pueblo de Dios acompañaba a su Pastor.

Tercera. Europa

El Acto europeo en Santiago de Compostela es uno de los momentos de mayor trascendencia de su pontificado en el ámbito político y cultural. Con voz potente en su sonoridad y persuasiva en su convicción exclamó: «Yo, Obispo de Roma y Pastor de la Iglesia universal, desde Santiago, te lanzo, vieja Europa, un grito lleno de amor: Vuelve a encontrarte. Sé tú misma. Descubre tus orígenes. Aviva tus raíces. Revive aquellos valores auténticos que hicieron gloriosa tu historia y benéfica tu presencia en los demás continentes. Reconstruye tu unidad espiritual, en un clima de pleno respeto a las otras religiones y a las genuinas libertades. Tú puedes ser todavía faro de civilización y estímulo de progreso para el mundo».

La relación de Juan Pablo II con Europa fue profunda y constante. Como hijo de Polonia, país situado en la encrucijada entre Oriente y Occidente, conocía las heridas y las posibilidades de un continente que había dado mucho al mundo, pero que se hallaba en crisis.

Este discurso sigue siendo un hito en la conciencia europea; un manifiesto espiritual para la identidad del Viejo Continente; un aldabonazo; un estruendo que clama por la recuperación de los valores que hicieron grandiosa la historia europea y su proyección, allende los océanos.

Recordó además que, desde la Edad Media, las peregrinaciones a Compostela habían creado una conciencia europea común, en la que pueblos de distintas lenguas y culturas se reconocían en el Evangelio. Subrayaba: «Europa entera se ha encontrado a sí misma alrededor de la "memoria" de Santiago, en los mismos siglos en los que ella se edificaba como continente homogéneo y unido espiritualmente. Por ello, el mismo Goethe insinuará que la conciencia de Europa ha nacido peregrinando».

El Papa evocaba así los siglos XI y XII, cuando, bajo el impulso de Cluny, multitudes de fieles recorrían el Camino de Santiago desde todos los puntos del continente, comprendiendo Escandinavia y las tierras eslavas. Para Wojtyła, aquel flujo de peregrinos era un acto constitutivo de identidad. Así, señala: «La historia de la formación de las naciones europeas va a la par con su evangelización».

Pero tras esa evocación germinal, el Papa expresaba preocupación ante la situación de entonces, los inicios de los años 80, con la división marcada todavía por el telón de acero y con una profunda crisis de valores: Europa se encuentra dividida... marcada por las consecuencias de ideologías secularizadas, que van desde la negación de Dios... a la preponderante importancia atribuida al éxito económico respecto a los valores humanos. Wojtyła advertía así contra el materialismo, el hedonismo, el nihilismo.

Para Juan Pablo II, Europa debía mantener incólume su alma con los valores cristianos y humanos... de la dignidad de la persona humana, del profundo sentimiento de justicia y libertad..., de amor a la familia, de respeto a la vida... y de deseo de cooperación y de paz.

Cuarta. Los jóvenes

«Os he buscado tantas veces... y ahora vosotros venís a mí. Os doy las gracias. Soy feliz, sed felices vosotros también». Son las últimas palabras del Papa a los jóvenes. Las dirigió a las decenas de miles que abarrotaron la plaza de San Pedro los días de su agonía, mirando en silencio la ventana de su apartamento y con un rosario en la mano. Y a través de ellos, las dirigía a las decenas de millones que había congregado el Papa en sus Jornadas Mundiales de había convocado y presidido.

Así, un rasgo esencialmente distintivo de su pontificado fue su cercanía a los jóvenes. Nadie antes había sabido convocarlos de forma tan masiva ni transmitirles con tanta pasión la certeza de que eran protagonistas del futuro de la historia de la Iglesia y del mundo.

Son memorables las enérgicas palabras expresadas en un estadio de Santiago de Chile en 1987.

Con el vigor y la fortaleza de su voz potente y torrencial: «¡Jóvenes, no tengáis miedo de mirarlo a Él! Mirad al Señor: ¿Qué veis? ¿Es solo un hombre sabio? ¡No! ¡Es más que eso! ¿Es un profeta? ¡Sí! ¡Pero es más aún! ¿Es un reformador social? ¡Mucho más… ! Mirad al Señor con ojos atentos y descubriréis… el rostro mismo de Dios. Jesús es la Palabra que Dios tenía que decir al mundo. Es Dios mismo que ha venido a compartir nuestra existencia. Al contacto de Jesús despunta la vida. Lejos de Él solo hay oscuridad y muerte. Vosotros tenéis sed de vida. ¡De vida eterna!… Buscadla y halladla en quien no solo da la vida, sino en quien es la Vida misma. Este es… el mensaje de vida que el Papa quiere transmitir a los jóvenes chilenos: ¡Buscad a Cristo! ¡Mirad a Cristo! ¡Vivid en Cristo!».

Desde que instituyó las Jornadas Mundiales de la Juventud (JMJ), el Papa convierte a la juventud en interlocutor privilegiado de su magisterio. Millones de jóvenes le escucharon en las ocho JMJ que convocó y presidió: 1987 (Buenos Aires), 1989 (Santiago de Compostela), 1991 (Częstochowa), 1993 (Denver), 1995 (Manila), 1997 (París), 2000 (Roma) y 2002 (Toronto). Y siempre, de una forma u otra, repetía con amoroso brío este precioso llamamiento: «Vosotros sois la esperanza de la Iglesia y del mundo, vosotros sois la esperanza del Papa».

El Papa confiaba a los jóvenes la misión de ser centinelas de la mañana en esta alba del tercer milenio. Así lo expresó en el Jubileo del año 2000: Jóvenes de todos los continentes, ¡no tengáis miedo de ser los santos del nuevo milenio! Los urge a ser evangelizadores de otros jóvenes.

Su herencia hacia los jóvenes permanece viva y las JMJ siguen congregando a millones y constituyen un encuentro de fe, un semillero vocaciones y un momento de convivencia y fraternidad universal.

Quinta. Juan Pablo Magno

«Juan Pablo II, mejor dicho, Juan Pablo Magno». Así se expresaba el Cardenal Angelo Sodano en su homilía de la primera Misa de exequias en sufragio por su alma.

En la historia antigua, en el mundo romano se han utilizado con cierta frecuencia distintos títulos, oficiales o populares, atribuidos a emperadores y papas. Así, Pius, Maximus, Optimus, Sanctissimus. Y también Magnus.

En la historia del papado, solo dos pontífices portan este apelativo. León I y Gregorio I. En ambos casos, una acción política desveló el misterio de Dios. León consiguió, sin la fuerza militar, persuadir a Atila para que no destruyera Roma. Gregorio logró salvar varias veces a Roma del saqueo de los lombardos. En ambos casos, en la confrontación de espíritu vs. poder, aquel demostró ser más fuerte.

Maria Pia Baccari, ilustre jurista, destaca: «Nos complace recordar... cómo la primera salida de la Ciudad del Vaticano de Benedicto XVI fue a la Basílica de San Pablo Extramuros. Allí, después de haber leído, según lo previsto en la liturgia, el preámbulo de su Carta a los Romanos, afirmó: "Antes incluso de que la Providencia lo condujera a Roma, el Apóstol escribió a los cristianos de esta Ciudad, capital del Imperio, su carta más importante desde el punto de vista doctrinal (...) en un denso preámbulo en el que el Apóstol saluda a la comunidad de Roma, (...) en la *inscriptio* de la Carta se dirige, en dos ocasiones, a "los que están en Roma"».

Centenares de pancartas se desplegaron en la Plaza de San Pedro el día de su funeral con el lema: *Santo subito*. Al tiempo se le adjudicó, en círculos intelectuales, este apelativo de Magno, que la historia había reservado solo a dos pontífices.

Benedicto XVI reflexionó sobre este título y lo distinguió de la santidad: «santo» indica la esfera divina, «magno», la dimensión humana... Para Ratzinger, la grandeza de Wojtyła residió en haber vencido con la fe y la palabra, en escenarios en los que otros debían recurrir al poder político o a la fuerza militar. Juan Pablo II supo confrontar la lógica del poder con la fuerza del espíritu.

En abril de 2003, en Roma, un grupo de estudiantes portó una pancarta, de ocho metros, con la inscripción «Giovanni Paolo Magno», siguiendo la antigua tradición de los *vota publica*. El mismo año, la Universidad La Sapienza de Roma le otorgó el Doctorado Honoris Causa en Derecho. En el diploma se lee la fundamentación siguiente: A causa de su alto... magisterio, le es debido el título de Magno (...). Es universalmente conocida la obra realizada por el Pontífice (...) en favor de la afirmación del derecho y de la tutela de los derechos humanos (...) tanto en lo que concierne (...) a los derechos individuales como en lo que se refiere a las relaciones entre los pueblos, (...) subrayando la exigencia de justicia, también en temas como la deuda externa y la autodeterminación, y de paz (...). Igualmente universales son los aportes del Pontífice a la cultura jurídica, que, superando el aislamiento del derecho respecto de la religión y de la moral, fundamenta los derechos humanos en la dignidad de la persona.

También en ese año, para celebrar el XXV aniversario de su Pontificado, más de 400 juristas de todo el mundo, creyentes y no creyentes, le dedicamos un extenso volumen titulado: *Giovanni Paolo II. Le vie della giustizia. Itinerari per il terzo millennio.* Su principal coordinador y editor fue el prestigioso jurista Massimo Vari, vicepresidente del Tribunal Constitucional italiano. En 2020, el papa Francisco y Luigi Maria Epicoco publican el libro *San Giovanni Paolo Magno* (traducido al español como *San Juan Pablo II Magno*, Palabra 2020).

Este título no fue un entusiasmo pasajero, sino un reconocimiento profundo de su talla espiritual, moral y política. Su *auctoritas* condicionó y transformó el último tercio del siglo XX. Ha sido un líder mundial. Sin su acción, no se entiende la caída del régimen comunista. Fue un incansable defensor de la paz, de la dignidad humana y los derechos fundamentales. Tuvo una excepcional capacidad de diálogo interreligioso.

Su voz era escuchada con reverencial respeto en ámbitos internacionales. Así, en la ONU y en los 129 países que visitó, recorriendo más de 1 200 000 kilómetros en 195 viajes. En muchos de ellos —y ante dirigentes de muy diverso color ideológico—, fue capaz de abordar sus problemáticos conflictos, denunciando injusticias y promoviendo el respeto a los derechos fundamentales y a la libertad religiosa.

Publicó 14 encíclicas y más de 300 títulos entre exhortaciones, cartas apostólicas y otros documentos papales. A ello hay que añadir siete libros. Dos antes del pontificado: *Amor y responsabilidad* (1960), sobre ética sexual y amor humano; *Persona y acción* (1969). Y cinco siendo Papa: *Cruzando el umbral de la esperanza* (1994); *Don y misterio: en el 50 aniversario de mi sacerdocio* (1996); *Tríp-*

tico romano (de poesía en 2003); *¡Levantaos! ¡Vamos!* (2004); *Memoria e identidad* (2005).

Y es también Magno porque cautiva —hasta dejarlos asombrados— a los niños, aun muy pequeños. De ello soy testigo de excepción, pues mis nietos, desde que tienen un año, ven sin pestañear algunos de sus vídeos. Entre ellos, uno es especial: el que recorre varios momentos de su vida pública y privada, con una bella fotografía y una preciosa y tierna canción: «Gracias a Ti, a Ti, a Ti...». Este lo ven decenas de veces, sin cansarse, mis nueve nietos. Y es que Juan Pablo II... es el Papa de mi familia.

Posfatio. Mi Oda a Juan Pablo

Termino con una Oda que escribí y publiqué en los días siguientes a su *scomparsa*, a su desaparición.

En Roma, su ciudad... y la mía y la tuya
se nos ha ido, Juan Pablo Magno,
con quien tanto queríamos.
Y ha partido tal que así:

Desde el tercer piso del palacio apostólico
desde su apartamento papal,
desde el lateral de la plaza de San Pedro,
desde su inolvidable ventana.

Con su amado pueblo romano
con los jóvenes unidos a su lado,

con el mundo en el corazón
con millones de corazones latiendo con el suyo.

En el penúltimo día de la Octava de Pascua
después de su viernes de dolor,
en el regazo mariano del primer sábado
en la confianza del Padre.

Sabiendo que había llegado su hora
con el coraje y empuje de siempre,
al timón de la barca de Pedro
desde el que gobernó la Iglesia.

Percibiendo que Dios le llama
abandonado y sin miedo,
despojado de todo
cuando el Domingo ya casi se intuye.

Se lanza al agua sin temor
y después de nadar unos doscientos codos,
con su fuerza y vigor acostumbrados
alcanza gozoso la orilla.

Y al pisar la arena del cielo
arrastra las redes de Su última pesca:
una plaza con decenas de miles de fieles
y millones rezando hasta los confines del orbe.

Y con ser tantos
logra que no se rompa la red,
y entrega la pesca a Cristo

que, con ternura,
coge Su mano y le dice:
«Siervo bueno y fiel,
entra en el gozo de tu Señor».

Y ahora concluyo. Lo hago retomando unas consoladoras palabras pronunciadas por el Cardenal Sodano en aquella primera Misa de exequias. Pertenecen a la liturgia de difuntos: *In Paradisum deducant te Angeli* (al Paraíso te lleven los ángeles) «... Un gozoso coro... te introduzca en la Jerusalén celestial, para que tengas descanso eterno».

Sabemos que está allí y como Pastor Magno, compasivo, benigno y poderoso... nos cuida e intercede por cada uno de nosotros.

Federico Fernández de Buján
Catedrático de la UNED. Académico de la Real de Doctores de España. Consiliario general de la Real y Pontificia Congregación de la Purísima de la RAJLE.

JUAN PABLO II: EL MISTERIO DEL DOLOR REDIMIDO Y LA *KENOSIS* DEL PASTOR

En este valle de lágrimas que es la vida, donde el hombre, criatura de barro y aliento divino, se afana en buscar sentido a su existencia, nos detiene hoy la figura de un pastor singular.

No hablamos de un hombre cualquiera, sino de Karol Wojtyla, Juan Pablo II para el orbe católico; un pontífice que, más allá de las mitras y los báculos, supo encarnar con una radicalidad pasmosa el misterio insondable del sufrimiento humano. Su vida, como un viejo roble azotado por los vientos de la historia, se alzó firme, tejida de ausencias, de silencios que hablaban más que mil palabras, y de resistencias que forjaron un espíritu indomable.

No fue su espiritualidad un castillo edificado en la cómoda llanura del dogma, sino una fragua ardiente, cincelada a golpe de dolor y de fe, en el mismísimo corazón de la historia.

Para un servidor, sacerdote que ha dedicado sus días al estudio de las leyes divinas y humanas, y que ha tenido el privilegio de servir en un ámbito tan privilegiado como el del Tribunal de la Rota de España, la figura de este Papa es faro y consuelo. Su devoción, arraigada en lo más hondo del alma, no es ciega admiración, sino reconocimiento de una santidad vivida en la carne, en el despojo, en la *kenosis* más pura. Porque si hay algo que define la estampa de este gigante, es precisamente ese vaciamiento de sí mismo, esa entrega sin reservas que lo asemeja al Cristo de Filipenses, que no retuvo su condición divina, sino que se anonadó, tomando forma de siervo.

I. Infancia entre ausencias: el humus del dolor

Nació Karol Wojtyła en Wadowice, en 1920, en una Polonia herida de guerras y particiones, patria de mártires y poetas, tierra de panes pobres y de rezos hondos. El pueblo, tendido a orillas del Skawa, olía a leña en invierno y a pan recién horneado en las mañanas. Allí el niño Karol corrió descalzo por las calles de tierra, escuchó el tañido de las campanas de la iglesia parroquial y aprendió de memoria, casi sin saberlo, que la vida es don y combate, regalo y herida.

La suya fue infancia marcada por la ausencia, antes incluso de haber aprendido a deletrear. A los nueve años, perdió a su madre, Emilia. Cuentan que, poco antes de morir, le señaló una imagen mariana y le susurró: «Aquí tienes a tu Madre». Esa frase, leve como el aliento de un moribundo, se le quedó prendida al niño como semilla que germinaría con los años. La mesa de la casa se quedó entonces demasiado grande, y el silencio de la ausencia empezó a pesar más que las palabras.

Tres años después, la escarlatina segó la vida de Edmund, su hermano mayor, médico joven, generoso, que curaba enfermos en los hospitales. Para Karol, aquel golpe fue como ver arrancado de cuajo el único árbol frondoso de su huerto familiar. La casa, ya de por sí sobria, quedó vacía de risas y de confidencias. Y todavía faltaba el último desgarro: cuando el joven contaba veintiún años, la muerte se llevó a su padre, Karol senior, militar de rostro severo y corazón creyente. Con él desaparecía la última raíz de su familia.

Así quedó Karol, huérfano y solo en un mundo que se desangraba. Lo que a otros habría hundido en la amargura, a él le templó el alma como el acero al rojo vivo.

Polonia, su patria, «semper fidelis», sufría invasiones y humillaciones; y el muchacho aprendía en carne propia que la vida no se elige como un menú al gusto, sino que se recibe entera, con sus espinas y sus rosas.

No fue un prodigio precoz, ni un seminarista de vocación fulgurante. Era un joven de carne y hueso, con pasiones sencillas: el teatro, donde la palabra se hacía carne y el alma se desnudaba; la literatura, refugio de los espíritus inquietos; la montaña, donde el silencio hablaba de Dios con voz de viento y de nieve. En las excursiones por los Tatras descubría que la belleza de la creación es como un evangelio abierto; en el escenario del teatro rapsódico, sentía que la palabra podía ser espada y refugio a la vez.

Pero lo decisivo fue la figura de su padre. Hombre recio, de fe sencilla, cada noche se arrodillaba largo rato en oración, sin importarle si el niño dormía o miraba. En aquel gesto cotidiano, silencioso y obstinado, Karol entendió que la fe no es idea abstracta ni lujo de teólogos, sino una manera de estar en el mundo, de habitarlo con la mirada puesta en lo alto. Esa catequesis muda, enseñada a los pies de la cama, valió más que mil sermones.

La oración se convirtió entonces para el muchacho en refugio, en abrigo contra la intemperie del dolor. La iglesia parroquial de Wadowice, con su Virgen del Perpetuo Socorro, fue hogar y amparo, vientre materno que lo acogía cuando las ausencias mordían. Allí descubrió que Dios escribe recto con renglones torcidos, que del luto puede nacer la esperanza, y que la cruz, madero infame para los hombres, es, en realidad, el árbol de la vida.

Aquel cúmulo de pérdidas, que habría aplastado a cualquier espíritu menos templado, forjó en Karol una sensibilidad especial hacia el sufrimiento humano. Desde muy pronto aprendió a mirar al otro con los ojos de Cristo, a ver en cada herida un misterio, en cada dolor una llamada. Y, sobre todo, aprendió a confiar sin reservas en la providencia, en ese Dios que permite la tormenta, pero nunca deja que se hunda la barca.

El niño de Wadowice creció sin madre, sin hermano, sin padre, pero con una certeza que no se apagó: que la vida es don, y que aun el sufrimiento puede ser semilla de gracia. Esa infancia huérfana, tejida de pérdidas y silencios, fue el humus donde se sembró la semilla de su vocación. En aquellos años, casi sin saberlo, comenzó su *kenosis:* el vaciamiento de sí mismo para ser todo de Dios y todo de los hombres.

II. La guerra como crisol: el fuego purificador

Las pérdidas familiares de la infancia no fueron el único crisol donde se forjó el alma de Karol Wojtyła. Apenas asomaba a la juventud cuando el rugido de la Segunda Guerra Mundial cayó sobre Polonia como un alud. La mañana del 1 de septiembre de 1939, los aviones alemanes surcaron el cielo con estruendo metálico; los cañones retumbaron en las llanuras; y la patria entera, acostumbrada ya a sufrir, quedó otra vez crucificada. Fue entonces cuando Karol, estudiante universitario en Cracovia, vio interrumpidos sus estudios de filología y fue arrojado, sin miramientos, a un mundo donde la muerte caminaba por las calles y el miedo era el pan cotidiano.

La vida se endureció de pronto. El joven que amaba los libros y las montañas tuvo que empuñar la pala y el martillo. Primero, en una cantera, donde el polvo se metía en la garganta y la fatiga rompía los músculos. Después, en la fábrica química Solvay, un infierno de ruido y vapor donde las manos de los obreros parecían prolongación de las máquinas. Allí aprendió que el trabajo humano, aunque duro y callado, encierra dignidad inviolable; que la fatiga compartida crea fraternidad; que la tarea humilde, hecha con amor, es semilla de eternidad. Entre hornos y escombros, comprendió que cada hombre, por pobre que sea, es portador de una nobleza que ningún régimen puede arrebatar.

Fue en ese ambiente hostil, donde la vida pendía de un hilo y la opresión era el aire mismo, cuando Karol empezó a discernir con claridad su vocación. En las noches silenciosas, tras jornadas agotadoras, caminaba hacia la clandestinidad: libros escondidos bajo el brazo, reuniones secretas, clases furtivas de teología. Allí, a la sombra del arzobispo Sapieha —pastor valiente que no dejó extinguirse la fe bajo la bota nazi—, el joven Karol comenzó su camino al sacerdocio. No era huida del mundo, no era refugio en torre de marfil: era, por el contrario, inmersión más honda en el dolor de la humanidad, decisión radical de abrazar la cruz donde su pueblo estaba siendo crucificado.

Pero no solo de oración y estudio clandestino se alimentaba su espíritu. También de cultura. Con otros jóvenes, mantuvo vivo el teatro rapsódico, en el que la palabra, recitada en voz baja en salas cerradas, se convertía en acto de resistencia. Era el arma más frágil y a la vez más poderosa frente al opresor: el verbo polaco, la poesía de su tierra, el alma de un pueblo que se negaba a morir. En aquellas veladas, entre sombras y susurros, Karol experimentaba que la cultura es respiración de un pueblo, y que sin ella la persona se ahoga.

La guerra, sin embargo, no se contentaba con desgastar cuerpos y apagar voces. También acechaba con violencia ciega. Una tarde, un camión alemán lo embistió en plena calle, dejándolo malherido en el suelo. Los vecinos corrieron a socorrerlo, convencidos de que el muchacho no sobreviviría. Pero Karol, contra todo pronóstico, se levantó días después, como quien recibe la vida por segunda vez. Él mismo lo interpretó como señal de la Providencia: «No era aún la hora», pensaría. Aquel accidente, cercano a la muerte, se convirtió en anticipo de lo que sería toda su vida: una existencia sostenida por una mano invisible, reservada para una misión mayor.

La guerra también le robó el último sostén humano: su padre. En 1941, la muerte llamó a la puerta de nuevo, y Karol quedó definitivamente solo, huérfano en el mundo. Pero no desesperado. Ante el cuerpo inmóvil del hombre que había sido su maestro de oración, comprendió con claridad que el Señor lo llamaba. Lo escribiría más tarde con lucidez serena: «La luz se hizo clara: el Señor me llamaba».

La clandestinidad se convirtió en su escuela. Estudiar a escondidas, orar en secreto, caminar con cautela por calles patrulladas: todo era ejercicio de resistencia interior. En ese tiempo, Karol entendió que ser sacerdote en un mundo en ruinas no era escapar del dolor, sino asumirlo de lleno: ser presencia de Dios donde parecía que Dios había callado. Cada libro leído de noche, cada Misa celebrada en sótanos o capillas ocultas, era una victoria pequeña pero luminosa sobre la barbarie.

En medio de tanto horror, su corazón no se volvió de piedra. Al contrario, la caridad brotaba de él con más fuerza. No dudó en ayudar a judíos perseguidos, ofreciendo refugio o facilitando auxilio, aun sabiendo que lo arriesgaba todo. Su compromiso no conocía fronteras: cada vida era sagrada, cada hombre y mujer, imagen de Dios, aunque las leyes de los hombres lo negaran. La valentía que mostró entonces no era fruto de la temeridad, sino del amor que no calcula riesgos.

Cada acontecimiento de aquellos años —la cantera, la fábrica, el teatro clandestino, el seminario oculto, el accidente casi mortal, la muerte del padre— fue forjando en Karol una hondura espiritual que lo preparaba para entregarse sin reservas. En aquel crisol de hierro y sangre, aprendió que el dolor puede ser fuego purificador. Y que, como escribe san Pablo, «cuando soy débil, entonces soy fuerte» (2 Co 12, 10).

La guerra fue para él mucho más que un escenario de destrucción: fue escuela de humanidad, aprendizaje de compasión, camino de *kenosis*. En la intemperie de aquellos años se vació de seguridades, de comodidades, de apoyos humanos. Pero ese vaciamiento no fue pérdida, sino espacio abierto a la gracia. Cada golpe recibido, cada lágrima derramada, cada jornada de fatiga lo acercaban más al misterio de Cristo Siervo, que no vino a ser servido, sino a servir.

Así, entre ruinas y cenizas, se fue forjando el sacerdote que después entregaría su vida entera. La Segunda Guerra Mundial, con su cortejo de muerte y desolación, no logró quebrar el espíritu de Karol Wojtyła. Al contrario, lo purificó como el oro en el fuego, y lo dejó preparado para la misión de ser pastor en tiempos recios.

III. Un pastor sin reservas: la vida ofrecida

Ordenado sacerdote en 1946, en la Polonia todavía ensangrentada por la guerra, Karol Wojtyła partió a Roma con una maleta pobre y un corazón ardiente. La Ciudad Eterna, que había sobrevivido al fragor de las bombas, lo acogió como a un hijo. Paseaba por las calles adoquinadas con los ojos muy abiertos, descubriendo templos y ruinas como quien lee las páginas de un libro milenario. Allí, en el Angelicum, se adentró en el pensamiento de santo Tomás y se sumergió en las aguas profundas de la teología.

Su tesis doctoral sobre san Juan de la Cruz no fue un mero ejercicio académico. El joven Karol bebía en aquellas páginas la convicción de que la unión con Dios se alcanza a través del despojo, de la «noche oscura» que pule y purifica. Escribió más tarde que en aquel estudio comprendió que «el sufrimiento y la entrega son la raíz de toda verdadera libertad». Roma lo formó como intelectual, pero sobre todo lo moldeó como sacerdote consciente de que la vida cristiana es camino de *kenosis*, vaciamiento que llena.

Al regresar a su patria, no se encerró en claustros ni bibliotecas. Quería estar cerca de la gente, de los jóvenes que buscaban sentido en medio de la opresión comunista. Sus primeras misas en las parroquias de Cracovia eran celebraciones sencillas, pero impregnadas de fervor y cercanía. Tenía una manera peculiar de predicar: no alzaba la voz en tono solemne, sino que hablaba como quien comparte confidencias al calor del fuego. Los fieles escuchaban y sentían que aquel joven sacerdote se interesaba realmente por sus vidas.

Lo más recordado de aquellos años fueron sus excursiones con grupos de universitarios y trabajadores. Se internaban en los Tatras con mochilas ligeras, guitarras y un misal escondido en el fondo de la bolsa. Allí, en medio de la naturaleza, celebraba la Eucaristía sobre una roca cubierta con un mantel blanco, mientras el aire fresco mezclaba el olor del pan consagrado con el de los pinos. Aquellos encuentros eran escuela de vida y de fe: se caminaba durante horas, se compartía el pan, se cantaba, y al caer la noche se conversaba largamente, mirando las estrellas.

Los jóvenes lo llamaban cariñosamente *wujek*, el tío. En las conversaciones nocturnas, Wojtyła escuchaba más de lo que hablaba. Se interesaba por sus dudas, por sus miedos, por sus proyectos. Sabía que la fe no se impone, se acompaña; que la juventud no se conquista con discursos, sino con cercanía. Uno de aquellos muchachos recordó años después: «Con él aprendimos que Dios no está lejos, que se sienta a tu mesa y camina a tu lado». Esa pedagogía sencilla, tejida de confianza, dejaría huella imborrable en generaciones enteras.

Su espiritualidad no se reducía a las horas de misa o a los tratados que leía con avidez. Estaba encarnada en lo cotidiano: en la caminata compartida, en la risa de los jóvenes, en la paciencia con que escuchaba confidencias. Era un sacerdote que no se reservaba nada para sí. Como escribiría luego en *Don y misterio:* «Desde el principio entendí que el sacerdocio es dar la vida, entera, hasta la última gota. No poseerse ya a sí mismo».

A los 38 años fue nombrado obispo auxiliar de Cracovia. El joven Karol, con su sotana gastada y su bicicleta de siempre, comenzó a recorrer parroquias y pueblos, entrando en contacto directo con la vida de la gente. En cada comunidad dejaba la impresión de un pastor que sabía escuchar y alentar. No buscaba honores, sino sembrar esperanza.

Participó en el Concilio Vaticano II, donde su voz resonó con fuerza en las discusiones sobre la relación de la Iglesia con el mundo contemporáneo. Fue uno de los artífices de la constitución pastoral *Gaudium et Spes.* En ella quedó plasmado su pensamiento personalista, convencido de que la Iglesia no puede hablar del hombre sin hablar de Cristo, ni de Cristo sin hablar del hombre. Decía allí: «Las alegrías y esperanzas, las tristezas y angustias de los hombres de nuestro tiempo, sobre todo de los pobres y de cuantos sufren, son a la vez alegrías y esperanzas, tristezas y angustias de los discípulos de Cristo». No era retórica: era la experiencia vital de quien había visto morir a los suyos y había trabajado en fábricas duras; de quien sabía que la dignidad humana no se negocia.

En 1964 fue nombrado arzobispo de Cracovia y en 1967, cardenal. Desde esa sede se convirtió en voz incómoda frente al régimen comunista. No agitaba banderas políticas ni arengaba multitudes, pero cada homilía suya era un alegato en favor de la libertad interior. Predicaba con convicción que «la libertad religiosa no es concesión del Estado, sino derecho que nace de la misma dignidad de la persona creada por Dios». Las autoridades comunistas lo miraban con recelo, pero la gente lo escuchaba con hambre de verdad.

Su resistencia no se libraba en los parlamentos, sino en las conciencias. Acompañaba a los trabajadores en sus luchas, apoyaba a las familias que querían transmitir la fe, defendía la cultura polaca como alma de un pueblo que no quería rendirse. Era un combate pacífico y tenaz, librado con la cruz en la mano y la palabra en los labios.

Cada vez más, su vida se identificaba con el don total. Nunca tuvo propiedades, nunca se reservó tiempos para sí mismo. Era el primero en levantarse para rezar y el último en acostarse después de escuchar a quien lo necesitara. Se vaciaba de sí mismo para dejar espacio a Dios y a los demás. Quien lo conoció entonces, recuerda su mirada intensa, que parecía atravesar el ruido y llegar al corazón.

Así se fue gestando el pastor que después abrazaría la Iglesia universal. El muchacho huérfano de Wadowice se había convertido en obispo cercano y cardenal firme, sin haber dejado nunca de ser sacerdote de pueblo. Toda su vida hasta entonces había sido un camino de entrega sin reservas, una *kenosis* vivida en lo cotidiano, en el silencio y en la fatiga, en la palabra y en la escucha.

Cuando en octubre de 1978 fue elegido Papa, el mundo se sorprendió ante un nombre desconocido. Pero quienes lo habían tratado sabían que aquel hombre estaba preparado: había aprendido a vivir en la cruz y a dar la vida entera. Su pontificado comenzaría bajo el signo del mismo grito que había acompañado toda su existencia: «No tengáis miedo».

IV. El Papa del dolor ofrecido: la cátedra de la cruz

El 16 de octubre de 1978, Roma tenía cielo de plomo y plazas encendidas. La multitud respiraba contenida cuando, desde la logia central de San Pedro, se pronunció un nombre nuevo: Karol Wojtyła. El hombre que había aprendido a rezar en silencio junto a la cama de su padre, que había cargado sacos en la fábrica Solvay y había sostenido la fe de un pueblo bajo el yugo, se asomó al balcón con una sonrisa limpia y una voz honda.

Sus palabras nos son aún cercanas: «No tengáis miedo»; aquel imperativo, sencillo como el pan, atravesó la arquería de la plaza y se fue por las calles, rebotando en las paredes del Trastévere y del mundo. Aquel día no empezó solo un pontificado; comenzó un modo de estar en la historia: mantener la frente alta sin soberbia, cargar sobre los hombros el peso de la Iglesia, y enseñar que la esperanza no es una emoción pasajera, sino una decisión que se renueva.

Su pontificado fue, en apariencia, un movimiento perpetuo. Aviones, pasaportes, idiomas, abrazos. Las cifras apabullan —países visitados, kilómetros, discursos—, pero no explican lo esencial. Lo decisivo fue su manera de mirar: una mirada que reconocía en cada rostro un misterio digno, una historia sufriente que merecía hospitalidad. Se detenía ante los niños y ante los cuerpos cansados de los enfermos, y parecía decir sin palabras: «Dios te ve, Dios te quiere». En la liturgia, su modo de celebrar era sobrio y hondo; sus homilías, aun cuando eran largas, tenían una música interior que hacía a los presentes sentirse llamados por su nombre. No venía a repartir consignas, sino a encender brasas.

El 13 de mayo de 1981 la fragilidad del cuerpo saltó al primer plano. En la misma plaza de San

Pedro, a la hora de la audiencia, un estampido hendió la tarde. El Papa cayó herido sobre el jeep blanco. Roma, acostumbrada a la historia, contuvo el aliento; la humanidad entera miró la televisión con ojos inmóviles. Hubo sirenas, manos que apretaban vendas, sangre en el hábito. En el hospital Gemelli se debatió la vida y se rezó sin descanso. Cuando por fin se supo que sobrevivía, el propio Juan Pablo II reconoció con su fe de siempre una «mano materna» que había guiado su destino. La herida no fue para él un capítulo oscuro que esconder, sino una luz dura que leer a la intemperie: lo expuso todo, el miedo y la confianza, el dolor y la alabanza. Visitó al agresor en la cárcel; habló con él sin morbo ni cálculo, como quien cree que la misericordia no invalida la justicia, sino que la incluye y la transfigura.

Aquel día abrió un tiempo nuevo. El hombre enérgico, deportista, de zancada larga, comenzó a perder velocidad. Las operaciones, las convalecencias y, finalmente, la enfermedad de Parkinson despojaron a Juan Pablo II de la elocuencia del gesto. El temblor de las manos, la rigidez del rostro, la voz a veces quebrada, fueron poco a poco su gramática. El mundo vio al Papa hacerse viejo delante de todos, sin retirarse a la penumbra. Y ese mostrarse, tan poco calculado y tan profundamente cristiano, se volvió magisterio: enseñó con el cuerpo la lección que había predicado con la palabra, que la debilidad no desdice la vocación, sino que la purifica.

No cambió su predicación; cambió su modo de pronunciarla. En sus últimos años, cada bendición le costaba esfuerzo y cada palabra parecía rescatarse del fondo de un pozo. Pero cuando levantaba la mano y trazaba la señal de la cruz, había en ese gesto la autoridad de quien ha pasado por el fuego.

Muchos recordaron entonces sus páginas sobre el sentido cristiano del sufrimiento. En la reflexión que dedicó a este misterio —esa meditación que en la *Salvifici doloris*, donde explica que el dolor humano, asumido por Cristo, puede volverse lugar de gracia y de fecundidad— se transparenta la convicción de toda su vida: no se trata de amar el sufrimiento por sí mismo, sino de unirlo a la Pasión para que no sea estéril. No buscó el dolor, pero cuando llegó, lo aceptó como escuela; y, aceptándolo, lo ofreció por la Iglesia.

La herida de 1981 trajo consigo una mansedumbre más honda. Quedó intacta la firmeza doctrinal —su defensa de la vida, de la dignidad de la familia, de la libertad religiosa—, pero se acentuó la compasión. Bastaba ver cómo se acercaba a los enfermos, o cómo apretaba entre las manos las cartas que le entregaban los pobres. No se escandalizaba del dolor; lo recibía y lo presentaba a Dios. En el Coliseo, durante el Vía Crucis, sostenía la cruz con dificultad, y sin embargo nadie dudaba de que aquella debilidad decía más que un discurso fuerte. En plazas y santuarios repetía que la fuerza del cristianismo no es imponer, sino proponer; no vencer adversarios, sino acompañar a los heridos hasta que puedan ponerse en pie.

Fue también un tiempo de viajes que parecían imposibles. Llegó a lugares que no figuraban en las rutas más previsibles y se encontró con gentes para las que el cristianismo era historia olvidada o sospecha reciente. En cada país señalaba la misma raíz: la dignidad de la persona humana, llamada a la verdad y al bien. Repetía que Cristo revela el hombre al propio hombre —la idea central de su primera encíclica, la *Redemptor hominis*—, y que desde ese encuentro brota la cultura de la vida. Sus palabras no eran triquiñuelas de diplomacia, sino el hilo conductor de una antropología entera: si Dios se ha hecho hombre y ha cargado con nuestras llagas, nada humano es ajeno a la Iglesia.

Hubo gestos pequeños que explican más que los grandes titulares. En el Gemelli, de noche, pedía que dejasen entrar a ciertos enfermos que no podían verlo a horas de audiencia; en Castel Gandolfo se detenía con familias que acababan de perder a alguien; en la plaza de San Pedro se quedaba más de lo previsto abrazando a niños con malformaciones o a ancianos temblorosos. Su lenguaje, en el tramo final, fue una pedagogía del cuerpo:

enseñar que el sufrimiento no quita la dignidad, que no destituye a la persona de su condición de imagen de Dios, que no es basura que esconder, sino misterio que acompañar.

El atentado marcó, además, una decisión teológica: si la fuerza del mal es real, más real es la Misericordia. En los años siguientes subrayó como nunca la necesidad del perdón y la cultura de la misericordia. No es casual que la fiesta de la Divina Misericordia cobrara un relieve especial en su predicación. La misericordia no era en su boca un alivio sentimental, sino la lógica misma del Evangelio que vence la culpa con amor y rehace lo que el pecado rompe. En sus catequesis y exhortaciones unía el rigor de la verdad con la ternura del pastor: no negar la herida, vendarla; no maquillar el mal, convertirlo.

Su voz se quebraba, pero su magisterio se afinaba. Cuando hablaba del trabajo y de los derechos humanos, sonaba la cantera; cuando defendía la libertad de conciencia, asomaba la experiencia de la Polonia ocupada; cuando invocaba a la familia, se percibía la orfandad transfigurada por la fe. Cada línea de su enseñanza parecía atravesada por la biografía. Así, su defensa incansable de los débiles —desde el niño por nacer hasta el enfermo terminal— no fue ideología, sino el fruto de haber visto en la propia carne y en la ajena lo que duele que te nieguen la dignidad.

En los últimos años, la imagen del Papa en la ventana, incapaz a veces de articular palabras, fue una lección difícil de olvidar. No se escondió. No disfrazó su enfermedad. Se expuso al juicio del mundo —un mundo que suele venerar la eficiencia y la juventud— y se quedó en su puesto hasta el final, dando a todos un testimonio de fidelidad. A algunos les costó entenderlo; a otros les incomodó. Pero muchos hallaron en aquel anciano tembloroso una clave para vivir lo propio: que la debilidad, ofrecida, puede volverse fortaleza; que el límite, aceptado, puede tornarse puerta de esperanza.

«Completo en mi carne lo que falta a la pasión de Cristo, en favor de su cuerpo que es la Iglesia». Ese versículo de la carta a los Colosenses, que él citó tantas veces, dejó de ser para su grey una frase de misa y se convirtió en un mapa. No se trata de que a la cruz de Cristo le faltara algo, sino de que, por un designio misterioso, el Señor quiso incluir en su obra nuestra pequeña contribución: unir las propias penas a la suya, para que el mal no tenga la última palabra. Juan Pablo II enseñó esta verdad no solo con documentos, sino con la escena diaria de su vida: ofrecía su cansancio, su dolor, su voz disminuida, como se ofrece pan y vino sobre el altar.

Llegó la hora del descenso final. En los primeros días de abril de 2005, mientras Roma viraba al color tenue de la primavera, su habitación se convirtió en santuario de oración continua. Millones de personas, en iglesias y plazas, rezaban por él. En la noche del 2 de abril, vigilia de la Divina Misericordia, el Papa entregó su espíritu. Quienes lo acompañaban cuentan que, antes de partir, pronunció palabras sencillas, como quien abre una puerta conocida. El mundo lloró con un llanto que no era solo de pérdida, sino de gratitud: se despedía a un padre.

Su muerte fue la firma al pie de una enseñanza prolongada: la vida cristiana no consiste en no sufrir, sino en sufrir con sentido; no en evitar la cruz, sino en abrazarla con Cristo para que se vuelva fecunda. Por eso, al recordar su pontificado, muchos no evocan primero documentos o decisiones, sino una imagen: la del anciano que busca con la mirada el crucifijo y se aferra a él como a un remo en la tormenta. Fue un Papa maestro de palabras, sí, pero, sobre todo, de presencias: su modo de estar —herido, paciente, orante— fue su mejor encíclica.

Desde esa «cátedra de la cruz», su voz sigue alcanzando a quienes atraviesan noches largas: enfermos que no pueden con su cuerpo, familias con sillas vacías, jóvenes que descubren de golpe que la vida no era como la pintaban los anuncios. A todos les dice lo mismo: no tengáis miedo; el sufrimiento no es un callejón sin salida, sino una puerta que, abierta con Cristo, da a un patio de luz. Y si el dolor parece absurdo, recordad que Dios lo ha visitado primero, y que el amor —ese amor crucificado y resucitado— tiene recursos que nuestra lógica no sospecha.

Queda ya claro por qué, al hablar de Juan Pablo II, no basta con enumerar gestos heroicos ni consignas valientes. Hay que decir que fue un hombre que consintió en vaciarse: dejó que la enfermedad lo despojara de la agilidad, del timbre de voz, de la seguridad del gesto; y, despojado, siguió siendo pastor. En ese vaciamiento se transparentó mejor Cristo Siervo. Por eso, no es exagerado afirmar que, en su caso, el sufrimiento se volvió sacramento de enseñanza: señal visible de una gracia invisible que obraba en el corazón de quienes lo miraban.

Aquí se abre, sin esfuerzo, la transición al corazón teológico de cuanto hemos venido contemplando. Si su vida pública se convirtió en una cátedra de la cruz, es porque en su interior se había ido labrando —desde Wadowice y la guerra, desde las montañas con los jóvenes y las horas secretas de oración— un camino de *kenosis*. No un gesto teatral, sino un vaciamiento veraz y cotidiano. A ese camino dedicamos el siguiente apartado: la *kenosis* como senda, el vaciamiento que, paradójicamente, llena.

V. La *kenosis* como camino: el vaciamiento que llena

Hemos atravesado ya las estaciones de una vida: la niñez con sus ausencias, la juventud que se templó en la intemperie de la guerra, el sacerdocio vivido como casa abierta y, finalmente, el pontificado que se convirtió en una cátedra de la cruz. Si ahora nos detenemos, no es para repetir escenas, sino para preguntar por el hilo que las une, por la música secreta que da sentido a cada compás. A esa música, la tradición cristiana la llama *kenosis:* el vaciamiento de sí mismo a imagen de Cristo.

El término aparece en el himno de la carta a los Filipenses. Allí se canta que el Hijo, «siendo de condición divina, no consideró un privilegio ser como Dios, sino que se anonadó, tomando condición de siervo, haciéndose semejante a los hombres» (*Flp* 2, 6-7). No es un adorno literario: es la síntesis de la economía de la salvación. Dios desciende, se despoja, se hace siervo. Y en ese descenso acontece lo inaudito: al abajarse, eleva; al perder, gana; al morir, da vida. La *kenosis* no es un gesto teatral, sino el modo mismo de Dios de acercarse al hombre.

En Karol Wojtyła, esa palabra griega dejó de ser concepto para hacerse biografía. Desde Wadowice aprendió el vaciamiento temprano: perder a la madre, al hermano, al padre; quedarse sin el calor del hogar y sin las voces familiares. Otros habrían cerrado el corazón, pero él dejó que el hueco llamara a Alguien. La ausencia humana se convirtió en lugar de presencia divina. Esa primera escuela de desnudez lo dispondría para todo lo que vino después.

La guerra lo vació de proyectos y comodidades. Se le cerraron las aulas y se le abrieron las canteras. Donde otros ven solo fatiga, él descubrió la dignidad indestructible del trabajo y el valor de la solidaridad nacida al pie de la máquina. La fábrica Solvay fue menos una biografía en sordina que una *lectio divina* del mundo: aprender que cada hombre, por humilde que sea, es portador de una nobleza que ningún régimen puede arrebatar. La renuncia a la vida fácil se transformó en ganancia de humanidad.

Al llegar al sacerdocio, no buscó reservarse horas para sí ni construir una espiritualidad de salón. Su estilo fue el de la casa con luz en la ventana. Con jóvenes y obreros subía a la montaña con mochilas pobres; celebraba la Misa sobre una roca, extendía un mantel limpio, repartía el pan consagrado mientras el pinar hacía de asamblea y el viento, de órgano. Por la noche, al calor de la conversación larga, escuchaba más de lo que hablaba. Lo que llevaba escrito en el alma —«el sacerdote no se pertenece»— lo ejercitaba sin proclamas: regalar tiempo, paciencia, atención; vaciarse por dentro para dejar sitio a la gracia en el otro.

Cuando después le confiaron la mitra y el báculo, no cambió el rumbo: siguió siendo pastor a pie, de mirada que sostiene. En el Concilio, con su amor al hombre concreto y su personalismo de raíz, ayudó a que la Iglesia dijera con frescura antigua que la persona «no se encuentra a sí misma sino en la entrega sincera de sí». Aquella convicción no era teoría de aula: venía de la cantera y de la confesión, del aula nocturna y de los caminos nevados. La *kenosis* se le fue haciendo sistema interior: ceder el protagonismo a Cristo, poner el centro en el otro, no en el propio brillo.

Pero es en el pontificado donde la *kenosis* se hace más visible. No porque inventara un dolor para exhibirlo, sino porque no ocultó el que le tocó vivir. El cuerpo, que había sido vigor, se volvió límite; la voz, que llenó plazas, se quebró en susurro; la mano que bendecía comenzó a temblar.

En un mundo que disimula la fragilidad, él eligió mostrarla. Esa elección, tan poco glamurosa y tan evangélica, multiplicó su autoridad moral: la palabra nacía ahora de una carne ofrecida. Si antes alumbraba con el discurso, ahora iluminaba con la presencia herida. En *Salvifici Doloris* había escrito que «el sufrimiento, más que cualquier otra cosa, abre el camino a la gracia que transforma el alma»; con los años, esa línea dejó de ser letra para convertirse en geografía de cada día.

La *kenosis* no es desprecio de uno mismo. No se trata de anular la personalidad, sino de orientar el yo hacia su verdad más honda: ser don. Juan Pablo II lo predicó y lo practicó: el hombre se realiza cuando se entrega; la libertad florece cuando se pone al servicio del bien. Por eso, su ascética no fue tristeza, sino alegría sobria: la sonrisa limpia del balcón, el humor en las reuniones de trabajo, la broma delicada con los niños. En el vaciamiento cristiano no se evapora lo humano: se purifica y se ensancha.

Tampoco confundió *kenosis* con activismo. Entendía que vaciarse no es llenarlo todo de tareas, sino consentir en que Cristo obre. De ahí su fidelidad a la oración: horas de silencio antes de que amaneciera, el rosario desgranado con paciencia, la adoración como hogar. El que se vacía para que Otro actúe necesita estar mucho a solas con Él. Por eso, incluso en la agenda más imposible, guardaba ese hueco inviolable. Quien lo vio rezar sabía que allí estaba su secreto: un despojo gustoso de sí para no estorbar la gracia.

A la luz de la *kenosis* se entiende su diálogo público: firme en la verdad, ancho en la misericordia. El vacío del yo no es relativismo; es libertad para amar sin cálculo. Por eso podía sostener principios innegociables —la dignidad de toda vida, la libertad religiosa, la familia como alianza de hombre y mujer— y, a la vez, curvarse hasta el nivel de cada herida. La caridad, lejos de ser consigna vaporosa, era para él forma concreta de despojo: renunciar a la superioridad del que juzga para hacer sitio a la historia real del otro.

Hubo una dimensión eucarística en todo esto. Su vida fue pan partido y vino derramado. La Misa no fue un rito al margen, sino la fuente donde se aprende a decir «esto es mi cuerpo que se entrega por vosotros». La *kenosis* eucarística tiene memoria y profecía: recuerda que Cristo se abajó hasta lo último, y anuncia que ese descenso es la subida verdadera. Quien comulga con esa lógica deja de medir su día por lo que consigue y empieza a contarlo por lo que entrega. Así vivió él, también en las decisiones grandes: no buscando la imagen propia, sino el bien de la Iglesia.

La *kenosis* tuvo en él acento mariano. Desde niño aprendió a mirar a la Madre como amparo. Luego, al asumir el lema «Totus Tuus», entendió que el vaciamiento cristiano tiene la forma de un «hágase». María no se abolió: se entregó. Precisamente por eso se llenó. En su escuela, Juan Pablo II descubrió que la obediencia no encoge, dilata; que la humildad no empequeñece, engrandece; que el sí sostenido agranda la tienda del corazón para hospedar historias ajenas.

No es casual que su pensamiento social naciera de esta lógica. En *Laborem Exercens* se escucha la cantera; en *Sollicitudo Rei Socialis*, la responsabilidad por el otro; en *Centesimus Annus*, la crítica a los proyectos que sacrifican a la persona. La *kenosis* no fue intimismo: tuvo consecuencias públicas. Vaciarse del afán de dominio hace posible una cultura del trabajo como cooperación, una economía al servicio del hombre y un Estado que protege sin asfixiar. No pretendía imponer un modelo técnico, sino recordar la ecuación de fondo: donde el yo se absolutiza, el débil paga la factura; donde el yo se dona, el bien común florece.

También su pedagogía de los jóvenes surgió de ahí. El que se vacía no acapara; acompaña. No fabrica clones; ayuda a escuchar la llamada propia. Por eso, en las conversaciones nocturnas de montaña, no entregaba recetas enlatadas. Hacía preguntas, ponía delante el Evangelio, narraba la vida de los santos como mapas de humanidad y, sobre todo, confiaba: les daba la palabra a ellos, les entregaba responsabilidad. La *kenosis* educa así: cede espacio, confía, sostiene sin invadir. De ahí nacieron tantas vocaciones, matrimonios sólidos, trabajos vividos como misión.

Puede decirse, entonces, que la *kenosis* fue en él un nervio que tocó todas las cosas: la oración y la misión, la teología y la política, el gobierno y la amistad. Cuando llegaba el cansancio o el agravio, elegía no devolverse a sí mismo, no encerrarse. Elegía la parábola del grano de trigo: caer, deshacerse, dar fruto. «Si el grano de trigo no cae en tierra y muere, queda infecundo; pero si muere, da mucho fruto» (*Jn* 12, 24). No citaba ese versículo para hacer poesía: lo tenía por regla.

La *kenosis* explica también su insistencia en la misericordia. Solo el que no se aferra a su derecho puede perdonar sin humillarse. Solo el que se sabe deudor puede hacerse prójimo del moribundo en el camino. Por eso, su magisterio no fue una colección de prohibiciones, sino una invitación a la plenitud: «No tengáis miedo» significaba «no os defendáis de Dios», dejad que os descentre el Amor. Quien acepta esa descentralización aprende a mirar sin sospecha y a construir sin rencor.

Podría objetarse que todo esto suena a alto ideal. ¿Qué tiene que ver con la vida real de quien pierde el trabajo, de quien cuida a un anciano, de quien no ve salida? Justamente ahí, la *kenosis* deja de ser teoría: consiste en entregar, día a día, lo que uno tiene entre las manos. No hay épica grande; hay fidelidades pequeñas: levantarse a media noche para consolar a un hijo, volver a perdonar una palabra áspera, renunciar a una respuesta hiriente, poner el hombro en el trabajo común aunque nadie aplauda. Ese vaciamiento cotidiano sostiene el mundo. Y cuando se hace a la vista de Dios, se vuelve fecundo.

El vaciamiento que llena no es magia psicológica. Es gracia. Pero la gracia no suplanta: pide nuestra libertad. Por eso, Juan Pablo II repetía que la santidad es tarea posible para todos, no privilegio de unos pocos. No exigía talentos extraordinarios, sino una decisión humilde y constante: «abrir de par en par las puertas a Cristo». Abrir es renunciar a cerrar; dejar entrar es renunciar a controlar. Es la *kenosis* en su forma más doméstica.

Si miramos ahora hacia atrás, la figura de Juan Pablo II aparece unificada: el niño que aprendió la orfandad sin hacerse duro, el joven que trabajó con las manos sin perder la esperanza, el sacerdote que regaló horas de escucha, el obispo que defendió la libertad interior de su pueblo, el Papa que enseñó con el cuerpo la dignidad del débil. No hay dos historias —la pública y la íntima—, sino una sola: el mismo hilo de despojo y de entrega, de descenso que eleva. Por eso, su memoria no se reduce a la nostalgia de grandes jornadas: se traduce en examen de conciencia.

¿Qué nos pide hoy esta *kenosis*? Tal vez, primero, mirar al otro sin prisa. Dejar que su historia nos interrumpa. Después, sostener la verdad sin dureza, como quien sabe que no es propietario de ella, sino servidor. Y, finalmente, aprender a vivir nuestras propias heridas no como derrota, sino como ocasión de amar. No se trata de buscar la cruz, sino de no desperdiciar ninguna cuando llega. El vaciamiento cristiano no glorifica el dolor, glorifica el Amor que lo atraviesa.

Desde aquí se comprende la herencia más honda de Juan Pablo II. Su *kenosis* no fue una extravagancia de santo, sino la forma cristiana de la madurez humana. Nos enseñó que la plenitud no está en hacerse grande, sino en hacerse disponible; que la alegría no nace del capricho satisfecho, sino del bien dado; que la libertad no consiste en hacer lo que me apetece, sino en poder entregarme a lo que vale la pena. Esta sabiduría, tan simple, parece a veces la más difícil.

Al cerrar este apartado, no añadimos nuevas escenas: dejamos resonar la música que las sostuvo. Juan Pablo II fue, de principio a fin, un hombre que dejó espacio. Por eso pudo caber el mundo en su agenda y en su oración. Esa es la *kenosis:* abrir hueco en el propio corazón para que Dios y los demás encuentren casa. A esa casa —amplia, luminosa, hospitalaria— nos invita el epílogo, donde la memoria se vuelve gratitud y la gratitud, promesa de fidelidad.

VI. Epílogo: un legado de luz y esperanza

No hablamos ya desde la nostalgia que paraliza, sino desde la gratitud que enciende. La figura de Juan Pablo II, con su rostro surcado de arrugas y su voz quebrada por la enfermedad, se alza todavía como un campanario en la memoria de la Iglesia: no tanto por los documentos que firmó o los viajes que emprendió, sino por la manera en que gastó su vida, como lámpara que se consume dando luz. Fue un hombre de carne y hueso, marcado por pérdidas y dolores, que aceptó vaciarse para que en él brillara Cristo.

Su existencia entera, desde el niño huérfano de Wadowice hasta el Papa anciano que se asomaba tembloroso a la ventana del Vaticano, fue un hilo continuo de entrega. No hubo doblez ni reservas: siempre la misma convicción, la misma música secreta. La fe que aprendió de rodillas junto a su padre, la esperanza que cultivó en la cantera, la caridad que ejerció con jóvenes y ancianos, confluyeron en un pontificado que enseñó al mundo entero a no temer. «¡No tengáis miedo!», gritó desde el balcón de San Pedro, y aquella consigna se convirtió en herencia para generaciones.

El mundo vio en él un hombre herido que no escondió sus llagas. Esa transparencia fue su magisterio más alto. Allí donde la sociedad esconde la fragilidad, él la mostró; donde se idolatra la eficacia, él proclamó la dignidad del débil; donde la cultura huye del límite, él lo abrazó con serenidad. Fue un pastor que caminó delante cuando las fuerzas le sobraban, y que enseñó a caminar desde atrás cuando ya apenas podía sostenerse.

Su vida entera fue una eucaristía: pan partido, vino derramado. En cada gesto se transparentaba el eco del Evangelio: «El que pierda su vida por mí la encontrará». No buscó asegurar su imagen, sino entregar su persona. No persiguió la gloria humana, sino la fidelidad. No pretendió ser héroe de bronce, sino servidor de carne. Y, paradójicamente, en esa humildad se volvió grande a los ojos del mundo.

El legado que nos deja es claro como la mañana y hondo como un río: el hombre se realiza en la entrega; la libertad florece en el servicio; la alegría nace del sacrificio ofrecido; la esperanza no se apaga en la cruz, porque la cruz es umbral de resurrección. Todo lo demás —viajes, cifras, aplausos— es circunstancia. Lo esencial es este testimonio: que se puede vivir vaciado de sí y, al mismo tiempo, rebosante de Dios.

Hoy, cuando evocamos su figura, sentimos que nos interpela. Nos pide abrir las puertas de nuestra casa interior, dejar que Dios ocupe el centro, atrevernos a amar sin miedo. Nos recuerda que la santidad no es lujo de pocos, sino vocación de todos; que la cruz no es condena, sino camino; que la misericordia no es debilidad, sino fuerza que rehace. Juan Pablo II nos grita todavía que no nos encerremos en nosotros mismos, que salgamos, que demos la vida, porque solo así la recibiremos de nuevo multiplicada.

Su memoria se alza como faro en medio de la niebla de este tiempo. A jóvenes desorientados les muestra que se puede vivir con ideales altos sin dejar de ser humanos. A familias golpeadas les enseña que la fidelidad es posible, aun en la prueba. A ancianos y enfermos les susurra que su debilidad no es inútil, que su dolor puede ser semilla de salvación. A la Iglesia entera le recuerda que su misión no es defenderse, sino gastarse.

No hay epílogo más verdadero que este: su vida fue semilla que muere para dar fruto. La tierra ya ha recogido su cuerpo, pero el espíritu de su testimonio sigue fecundando. No hablamos de un recuerdo que se apaga, sino de una luz que se expande. Y al recordarlo, el corazón se ensancha con gratitud: gracias, Señor, por habernos dado un pastor así; gracias por habernos mostrado en él que la santidad no es teoría, sino carne ofrecida.

Que su ejemplo nos impulse a vivir sin miedo, a entregarnos sin reservas, a vaciarnos para llenarnos de Dios. Y que su voz, quebrada y firme a la vez, resuene todavía en nuestras conciencias: «¡No tengáis miedo! Abrid las puertas a Cristo».

Carlos M. Morán
Decano del Tribunal de la Rota de la Nunciatura Apostólica. Director del Estudio Rotal para abogados y psicólogos. Profesor de la PU Comillas y capellán del colegio Mater Salvatoris.